黎元洪画传

徐忱/著

中华书局

图书在版编目(CIP)数据

黎元洪画传 / 徐忱著. —北京:中华书局,2013.11
ISBN 978 – 7 – 101– 09665 – 1

Ⅰ.黎… Ⅱ.徐… Ⅲ.黎元洪(1864～1928)—传记—画册 Ⅳ.K827=6

中国版本图书馆 CIP数据核字(2013)第 232553 号

书　　名	黎元洪画传
著　　者	徐　忱
责任编辑	马　燕
出版发行	中华书局
	(北京市丰台区太平桥西里 38 号　100073)
	http://www.zhbc.com.cn
	E－mail:zhbc@zhbc.com.cn
印　　刷	北京天来印务有限公司
版　　次	2013 年 11 月北京第 1 版
	2013 年 11 月北京第 1 次印刷
规　　格	开本 /700 × 1000 毫米　1/16
	印张 13¼　字数 10 千字
印　　数	1-6000 册
国际书号	ISBN 978 – 7 – 101– 09665 – 1
定　　价	28.00 元

目 录

前　言

　　提到黎元洪，人们的脑海里自然会浮现出一个身材肥硕、胆小怕事的"床下都督"的懦弱印象。黎元洪的形象阴差阳错地被定格在这一瞬间。那么，黎元洪真的曾经因为惧怕革命党而躲在床下吗？经过对大量史料的考证，发现这仅仅是小说家的杜撰，而非历史的真实。

　　那么，真实的黎元洪是什么样子呢？他是一个胆小怕事的人吗？革命党在武昌起义时为什么会推举他当首义大都督？如果没有黎元洪，武昌起义会成功吗？黎元洪和黄兴的关系如何？他是如何与袁世凯沟通议和的？他为什么要杀掉首义元勋张振武？他为什么会主动裁兵放弃军权？他是在袁世凯的逼迫下进京的吗？他和袁世凯是亲家吗？袁世凯死后，段祺瑞为什么力挺黎元洪做总统？段祺瑞帮助黎元洪当上大总统，为什么后来俩人形同陌路？黎元洪为什么会相信张勋？张勋复辟时，黎元洪的真实想法是什么？黎元洪东厂胡同宅院内的凶杀案是怎么回事？黎元洪与冯国璋的关系如何？黎元洪为什么会两次荣任大总统？又因何下台？黎元洪的最后岁月是如何度过的？

　　对于这些疑问，笔者在本书中将一一予以解答。

　　另外，本书既然名为画传，图片自然是重头戏。这些图片有的来源于书刊、杂志、报纸，有的来源于各馆藏、私人收藏、海外收藏。按时间分类，可以涵盖黎元洪从青年到老年的岁月；按事件分类，可以包括黎元洪从武昌起义到荣享国葬的跌宕人生；按职务分类，可以纵览黎元洪从青年军官到民国总统的历史剪影。本书中部分图片为首次发现，如黎元洪在日本神户中华会馆与当地华侨的合影、黎元洪1924年5月11日从日本返国的照片等。此外，笔者还搜集了一些关于黎元洪的特色图片，如明信片上的黎元洪、烟标上的黎元洪、钞票上的黎元洪等。

图片之中有历史，历史陈述佐以图片，使得历史更加生动饱满。

由于种种难以解说的原因，自辛亥革命以还，民国大总统黎元洪往往被人们误读。笔者经过通盘研究和缜密考证，本着实事求是的精神，挖掘新史料，提出新观点，既不溢美，亦不掩恶，意图通过本书，为读者还原一个真实的、有着自己的坚持和主张的黎元洪。

徐 忱

2013年9月22日

一

尚武少年

1864年10月19日，即清同治三年九月十九日辰时（7点—9点），伴随着一声清脆的哭声，一个肥头大耳的男婴降生在退伍军官黎朝相的家里。接生婆小心翼翼地把孩子交到母亲陈氏怀里，说了声："菩萨保佑。"说来也巧，冥冥之中仿佛预示着什么，阴历九月十九日恰是观世音菩萨涅槃之日。这个男婴正是后来被称为"黎菩萨"的中华民国大总统——黎元洪。

有人认为黎元洪的生日和观音菩萨的生日是一天，其实不然。就目前资料所见，最早持此说法的是黎元洪长子黎绍基。他在1925年出版的《黎元洪的一生》里这样描述："我父亲排行第二，他出生于1864年10月19日，也就是农历的九月十九日。这一天正是观音菩萨的生日。"其后很多人以讹传讹，不断重复此错误说法。

那么，农历九月十九日究竟是什么日子呢？我们来看宗教学家任继愈的回答。上海辞书出版社出版的任继愈主编的《宗教词典》是这样解释"观世音"节日的："据称其生日是夏历二月十九日，成道日是夏历六月十九日，涅槃日是夏历九月十九日。"夏历，出自中国最早的天文历法文献《夏小正》，也就是人们常说的农历。夏历是阴阳历的一种，上面所说的都是阴历日期。涅槃是梵文，中译为圆寂，指僧尼去世。所以黎元洪的阴历生日正好是观世音菩萨涅槃纪念日，而不是菩萨的生日。不过，有意思的是，几十年后人称"黎菩萨"的黎元洪信仰的却是基督教。

黎元洪原名秉经，字宋卿，祖籍江西豫章。黎元洪的出生地位于湖北省黄陂县"木兰乡东厂畈沙地岗"，所以，人称"黎黄陂"。1912年，黎元洪当选副总统后，曾衣锦还乡，并在黄陂捐资修建宗祠和祖茔。

黄陂县今为湖北大悟县。1933年国民政府划河南罗山、湖北黄陂、黄安（今红安）、孝感四县边陲地带，建置礼山县，其中把原本属黄陂的黎家老宅所在地划归新设置的礼山县管辖。1952年礼山县改称大悟县。所以，黎元洪虽然是黄陂人，但今天也可以称他为大悟人。

黎元洪的父亲黎朝相，约生于1833年。他两入清军，两任游击，颇有些军事头脑。黎父第一次参军在汉阳，全家也从黄陂迁居到汉阳。太平天国军被清政府镇

湖北大悟县黎元洪故居纪念馆

黎氏族谱

压后，黎父退伍。他用遣散费建了一处房产，打算一半自住，一半出租贴补家用。孰料租客因反叛被捕，黎父也因窝藏被拘留。后来黎父虽然被释放，但房产却充公，一家人的生活跌入谷底。据黎绍基回忆："我祖父一家当时竟无家可归，而且也无力再盖新房子了。经过一番考虑，只好回归老家黄陂……在老家住了不久又迁回汉阳。全家住在我曾祖母的一个兄弟的房子里，一共住了八年，直到我祖父回来接他们。"

为了生活，黎父决定重操旧业，这一次的目的地是天津北塘。北塘隶属于直隶东路厅宁河县，东临渤海，西接宝坻，南连天津，北面遵化、玉田。黎父参加的是练军（同治初年，各省督抚从绿营中挑选一部分人训练制兵，照勇营办法训练，不用刀矛弓箭，换作洋枪洋炮，是为练军）。由于头脑聪明并具有丰富的从军经验，黎朝相很快升至把总（武职正七品）。生活稳定下来的黎父心中挂念远在汉阳的家人，将大部分的饷银用来贴补家用，希望老婆孩子可以有稳定的生活。1877年，家里来信说元洪染疾病重，黎父连夜告假还乡。黎父回到汉阳，元洪的病也奇迹般地痊愈了。黎父和妻子陈氏商量，与其两地分居，不如举家迁往北塘。

这年黎元洪13岁，按照当地习俗，已到婚配之年。通过媒人说合，吴家女儿敬君进入了元洪父母的视线。吴敬君原名吴汉杰，生于1870年7月25日，小黎元洪6岁。小敬君眉清目秀，黎家父母非常喜欢。黎父认为此去北塘路途遥远，也许难再回到汉阳，恳请吴家允许小敬君与他们同去。吴家对黎家的家风素有耳闻，对这门婚事也颇为满意，很快就含泪应允了。黎元洪和父母带着这个小妹妹一样的媳妇上路了，一路上元洪颇为懂事，时刻关照小敬君，俩人的感情日益深厚。

从汉阳到北塘，这段旅程近2500里，据黎绍基说："那时，交通工具很不方便，从湖北到北塘要走40天，除了渡黄河时是乘坐用神妙的双桨划行的民间平底船外，交通工具只有手推车、老式的轿车或是骑马，每天很早起来赶路，直到夕阳下山才是休息的时刻。到处都有小客店，旅客就在那里过夜。高山、小丘、树林、溪水、田地、珍禽和奇花异草，构成了一幅自然的景象。这对我父亲来说，不仅是一种享受，而且也是一种教育，在后来很长的一段时间里，他仍对这次旅程经历感兴趣。"

步行、乘车、坐轿、坐船、骑马，黎元洪一家四口用遍了几乎当时所有的交通方式，历时40天，终于来到了天津北塘。

黎元洪在北塘的生活以读书为主。此时，黎朝相收入稳定，元洪始入私塾读书，师从李雨霖。李雨霖非常喜欢元洪浑厚朴实，元洪也非常刻苦。据黎绍基介绍："他最大的嫌恶是偷懒，换言之，他喜欢钻研，而且学习异常刻苦。从这时起，他就养成了一种抓紧时间学习的好习惯。当时，煤油已输入中国，有钱人家用它来照明，而一般的老百姓则用蜡烛或菜籽油，这对在晚间学习的人的眼睛是没有好处的。我父亲经常学习到深夜，直到双眼疼痛，也不肯放弃读书。"

私塾五年，元洪读完了"四书"、"五经"、《御批通鉴辑览》等典籍，并开笔学习作文。元洪的国文在父亲和私塾老师的共同教育下，已经初见功底。

和多数的男孩子一样，青年时期的黎元洪对军旅生活充满了好奇和憧憬。元洪常常跑去父亲的军营看骑马和操练，学武的愿望在元洪的心中越来越强烈。要学习军事，就须进入专业学校。1883年，天津水师学堂第一届管轮班对外招生，黎元洪决定报考。

天津水师学堂是由直隶总督李鸿章倡办的，是仿照西方先进海军院校创办的。光绪七年（1881）七月，水师学堂在天津卫城东三里天津机器局附近建成。可是，按照水师学堂"只招收13—17岁学员"的章程，年近20的黎元洪是没有资格入学的。也许机遇确实偏爱有准备的头脑，也许是"幸运之神"选择了黎元洪。由于出现报考人数太少的状况，水师学堂不得不放宽年龄限制。黎元洪不负家人期望，考取了水师学堂的第一届管轮班。

在天津水师学堂，黎元洪幸运地遇到了对他一生都有重要影响的三位老师：严复、萨镇冰、汉纳根。

严复是中国最早的一批海归，曾在英国格林威治皇家海军学院学习。赴英国留学前，严复就是清政府内定的未来海军教师人选。与严复同时进入皇家海军学院学习的还有方伯谦、何心川、林永升、叶祖珪、萨镇冰等五人。九个月学习期满

严复 (1854—1921)　　　　萨镇冰 (1859—1952)　　　　汉纳根 (Constantin Von Hanneken, 1855—1925)

后，方伯谦等五人按原计划上英国军舰实习，而严复则因须回国执教，继续攻读一学期。1880年8月，严复来到天津北洋水师学堂任总教习。严复在英国等欧洲国家的所见所闻所学，不仅丰富了自己，也给水师学堂带来了新思想。他积极主张引进西方先进的科学知识和军事方法，培养高水平的学生，因此将自己在格林威治皇家海军学院学到的有关海军的先进技术和经验引入课堂，传授给学生。李鸿章非常满意北洋水师学堂的工作，他认为这里教授的课程比之前福州水师学堂讲得要深入。

萨镇冰与严复是留英同学，1883年起任天津水师学堂管轮班正教习，是黎元洪的"班主任"。萨镇冰其人如何，从时任驻英公使郭嵩焘与严复的对话中可见一斑。这段记录在《郭嵩焘日记》里的对话是这样的：

（郭）问："萨镇冰年最轻，体气亦瘦，能任将耶？"

（严）曰："体瘦而精力甚强，心思亦能锐入，能比他人透过一层。"

后来萨镇冰历任清海军副大臣、海军提督，统辖巡洋、长江两个舰队。著名作家冰心和萨镇冰一家是世交，她在《记萨镇冰先生》一文中这样评价道："萨镇冰先生，永远是我崇拜的对象，从六七岁的时候，我就常常听见父亲说：'中国海军的模范军人，萨镇冰一人而已。'"萨镇冰长黎元洪五岁，两人亦师亦友。武昌起义时，黎元洪曾两封信劝退萨镇冰舰队，可见俩人关系之密切。

天津水师学堂还有一位洋教习。1879年，李鸿章聘请年仅24岁的汉纳根来华任军事顾问。据引荐其来华工作的天津海关税务司德璀琳介绍：汉纳根是德皇威廉二世的外甥，父亲是德国将军。这样一位大有来头的洋青年很快在刚成立的天津水师学堂找到了一份工作——骑术总教习。"当时，黎元洪只是学堂里一名普通的学生，很不出众。而且，在各科中，他的骑术最差，很少有骑马机会的黎元洪在练习时，常常从马上摔下来，引得其他学生嘲笑。但担任骑术教习的汉纳根并没有歧视他，而是精心教导，对黎元洪时常开小灶。每天清晨，在北洋水师学堂的操场上，常常可以看到汉纳根和黎元洪一起骑马训练的场景。过了一段时间，黎元洪骑术大有长进，汉纳根还推荐他当了马队班长。知恩图报，后来，在中国政坛上呼风唤雨的黎元洪对汉纳根帮助很大。"

　　1888年，"黎元洪毕业时，以成绩优等由学堂总办禀请北洋大臣赏给六品顶戴，并以把总尽先拨补，旋即派往北洋'来远'快船见习"。黎元洪的见习岗位是管轮。管轮是轮船上的技术工种，主要负责轮机维护与保养工作，有总管轮、二管轮、三管轮，共三级职务。见习期间，大炮、洋炮、刀剑、操法、药弹、上桅、接绳、用帆等一切船上应该学习的技艺，都要掌握。在这艘当时最先进的价值173万两白银的巡洋舰见习，丰富了黎元洪的阅历，他已经从一名军校学生成长为一名正式军人。

　　自古中国人都讲究"先成家后立业"，光绪十四年（1888年）三月，24岁的黎元洪从天津水师学堂正式毕业。毕业后，他要完成人生的一件大事——成婚。

　　此时的敬君已经是18岁的大姑娘了。她虽无闭月羞花之貌，但心灵手巧，颇得黎家老小喜爱。善良的继母崔氏对元洪视如己出，早就开始和敬君一起缝制喜被，打扫房屋，家里充满了幸福和喜悦。说到崔氏，我们要先了解一些元洪生母和父亲的事情。

　　原来，元洪生母陈氏体弱多病，为黎家诞有一女两子。女儿即元洪的大姐，长元洪六岁，早年即入汉阳苏姓人家为童养媳。若干年后，黎元洪的姨太太陶氏就是她介绍的。1865年夏，元洪八个月大的时候，陈氏突发大病，几乎撒手人寰。后来很幸运地恢复了。1878年，黎家迁居北塘，怀有身孕的陈氏一路旅途劳顿，诞下次子元泽后不久，即因产后失于调养，兼受暑热去世。失去发妻的黎父无法独自照顾刚刚出生的元泽，在媒人的撮合下，迎娶了崔氏。有关崔氏的生平，史料上鲜见记载。1901年9月崔氏去世，元洪为其送终。

　　崔氏朴实勤劳，颇能操持家务，对元洪、元泽怜爱有加，元洪、元泽也侍之如生母。1880年黎父娶崔氏不久，即升任都司，两年后，晋升为游击。全家的生活水平稳步提高。然而天有不测风云，光绪十年（1884）正月三十日，黎父突发急病猝死。元洪闻讯急忙赶回家，却未能见到父亲最后一面，留下永远的遗憾和悲伤。

　　黎父的去世，使得全家的生活一落千丈，陷入困顿。此时的黎家仅剩四口人，却有三个姓，元洪、敬君和崔氏一起挑起了家庭重担。

　　黎元洪作为长子，现在能为家里做的就是尽己所能节省开支。天津水师学堂的学生待遇优厚，不仅食宿、医疗免费，而且每月有饷银四两。黎元洪把每月饷银全数交给继母，用以维持整个家庭的基本开支。黎元洪自己的生活非常简朴，据黎绍基介绍："学堂距离在北塘的家有40英里（64公里，作者注）。当时天津与北塘之间尚无火车，但可以雇到骡车，可是这段路程需要1元钱的费用。每到放假时，我父亲总是徒步往返，因为1元钱在当时是很值钱的。"同时，崔氏和敬君也在想办法。看到邻居缝制鞋垫可以赚钱，两人也跟着干了起来。初时生涩，熟练后，每月也能有十元的收入。全家齐努力，日子虽然艰苦，但好歹熬了出来。

　　天津水师学堂规定，在校期间学生不准结婚。所以元洪一毕业，崔氏就开始张罗起他和敬君的婚事。由于家境不宽裕，敬君又是童养媳，草草摆了两桌酒，请来一些邻里和友好，在大家的祝福声中，元洪和敬君正式结为夫妻。婚后不久，元洪即加入北洋水师，开始了军旅生涯。

二　军旅生涯

黎元洪以优异成绩从天津水师学堂毕业后，获得在北洋水师"来远"号见习的机会。黎元洪虽然身为海军，但却不会游泳。为此，他特意买了一件救生衣，每次出海，都要把它穿在里面，以备不测。见习一年后，黎元洪"于1889年10月从海军实习回到家中，在北塘休息了三个月，并于次年春天被任命为广甲军舰的管轮。这艘军舰停泊在上海，全家也随之搬迁到了那里"。

　　"广甲"号由福建船政局制造，是一艘道地的国货；"来远"号为德国伏尔铿厂生产，是纯粹的洋货。黎元洪在"广甲"号服役一年后，广东水师迎来了一项重要任务。

　　1891年，是三年一届的南北洋海军合操之期。所谓合操，就是军事演习。此次合操，由直隶总督李鸿章、山东巡抚张曜校阅。共有北洋、广东、南洋三支水师参加。其中，北洋有定远等12艘、广东有广甲等3艘、南洋有寰泰等6艘，共计21艘各式军舰，齐集旅顺口，操演舰船阵形、枪炮、鱼雷，同时勘验炮台、船坞建设。光绪帝对合操的成绩非常满意，著从优议叙。黎元洪也因表现出色，被赏以千总尽先补用。1892年，黎元洪升职为二管轮，并由两广总督李翰章奏保赏五品顶戴。1894年5月，清海军举办第二次合操，黎元洪依然随"广甲"号参加。此时，一场毁灭性的海战正在酝酿。

广甲号

北洋水师时期的黎元洪

北洋水师官兵

日本觊觎朝鲜领土，企图以改革朝鲜内政为名，结束中朝间的宗藩关系，因此不惜与中国一战。1894年8月1日，中日宣战。甲午战争正式爆发。黎元洪甫闻战令，精神振奋，热血沸腾，准备与战友同仇敌忾，痛击日本军舰。然而计划没有变化快，据《冤海述闻》记载："我军阵势初本犄角鱼贯，至队列时，复令作犄角雁行。丁提督乘定远铁舰为督船，并镇远铁舰居中；致远、靖远为第二队；经远、来远为第三队；济远、广甲为第四队；超勇、扬威为第五队，分作左右，翼护督船而行。原议整队后，每一点钟行八咪（海里——作者注）。是时队未整，督船即行八咪，以致在后四队之济远、广甲，五队之超勇、扬威，均赶不及。缘四船鱼贯在后，变作雁行，傍队以最后之船斜行，至偏旁最远。故赶不及，而阵已散漫矣。"日本舰队司令长官伊东祐亨见北洋海军变阵，决定避其锋芒，攻其软肋。令其前锋舰只攻向北洋海军最薄弱的右翼阵脚——超勇、扬威。"广甲"舰管带（舰长）吴敬荣见势不妙，心中胆怯。开战仅两个小时，就率舰离队逃跑。

"广甲"号仓皇出逃，在大连湾三山岛附近搁浅。日舰"浪速"号和"秋津洲"号很快发现"广甲"号，管带吴敬荣下令毁船，命全体船员乘小船逃走。黎元洪等没逃多远，见日舰追来，集体选择跳海逃生。多亏了身上的那件救生衣，救了这位未来民国大总统一命。不知过了多久，黎元洪被海浪推上了岸。他得到一位好心人的帮助，换了身干净衣服，带上粮食，徒步赶到旅顺，后又到天津。正赶上清廷追究黄海海战责任，吴敬荣被革职留营效力，黎元洪也因此被监禁数月。解除监禁后，黎元洪回到上海家中住了数月。此时，两江总督张之洞正在沿海进行军事设施建设，急需大量海军人才，四处派人，网罗精英。黎元洪得知此讯，匆匆来到南京。

经人推荐，黎元洪见到了大名鼎鼎的张之洞。在交谈中，张之洞得知黎元洪毕业于天津水师学堂，先后在"来远"号、"广甲"号服役近七年。张之洞见黎元洪器宇不凡，向其询问炮台建设、水师业务甚至马术知识，无不条分缕析，对答如流。张之洞颇为满意，就把黎留在身边，予以重用。不久，张之洞即委派黎元洪修建金陵狮子山、幕府山、清凉山、乌龙山炮台工程。由于黎元洪办事认真，脚

张之洞 (1837—1909)

湖广总督张之洞在武昌聘请外国人训练新军

踏实地,愈发受到张之洞赏识。1896年,张之洞回任湖广总督,黎元洪也随其来到湖北。由于黎元洪骑术精湛,训练有方,张之洞就任命他为湖北新军马队教练兼管带。

张之洞作为一代名臣,他对时政的见地往往高屋建瓴。黄海海战失败后,他的军事思想从效仿德国转向学习日本。他奏请朝廷仿照日本参谋本部改革军机处,"设一领导全国军事的统一衙门,专管全国的军事、预筹、考核、军备、操法、战事。其衙门之长,必是深于兵事者,并非专用亲贵。小而言,赶紧编练新军、开办军事学校、派遣军事留学生等"。正因如此,黎元洪有机会三次前往日本学习和考察军事。

1897年2月,黎元洪首次来到日本,考察军事教育。除考察军事外,黎元洪不忘观察日本文化。可是,在参观东京、大阪等处的公园时,却看到展品中有日本从中国掳获的战利品。由于黎元洪曾亲历中日黄海海战,一见展品,顿感触目惊心,认为有伤国家尊严。为此,他邀集华侨,请求日本当局撤销这类展览,但未获日本当局批准。

黎元洪在日本考察学习八个月,中秋月圆之时,回到武昌。黎元洪向张之洞汇报在日本的所见所闻后,建议张之洞向日本派遣青年留学生,培养军事人才。这与张之洞的想法不谋而合,后来湖北成为清末派遣留学生最多的省份。到1906年,每四名留日学生中,就有一名来自湖北。

黎元洪从日本回到武昌后,除继续担任湖北新军马队教练兼管带外,还兼任监工一职,负责枪炮厂(汉阳兵工厂前身)的建设。1898年10月,枪炮厂建成。张之洞考核后,非常满意,将黎元洪连升两级,擢至守备。守备是武职正五品,相当于现在的中校团长。1899年2月,张之洞任命黎元洪为湖北督练处各营教练官,负责练兵工作。黎元洪工作出色,井井有条。法国军事观察家嘉杜佛莱参观武昌军队后,直言"洋操队的编练操演和武器运用,可与最好的德国军队相媲美"。由于湖北练兵出色,光绪帝谕令各省前来学习经验,很多来鄂将弁受过黎元洪的教练和指导,而且"湖北督练处所印陆军书籍,本本皆有黎元洪校阅之名,黎元洪的影响从此扩大到了江南各省"。

张之洞为学得日本军事精髓，决定再派黎元洪前往考察和学习。1899年10月，黎元洪二赴日本考察。这次考察的重点是马队组织和训练、步兵的教育及军纪。此行原计划为期一年，由于国内义和团运动的兴起，张之洞急需人手相助，不得不临时中止黎元洪在日的工作，电召其速回武昌。回国后，黎元洪在平定自立军起义时表现出色，再获张之洞赏识，晋升都司，相当于上校团长。

湖广地区社会稳定后，督府的工作重心回到建设，尤其是军事教育机构和设施的建设。在黎元洪的建议下，1902年4月，张之洞"将武备学堂及防营将弁学堂改为武备高等学堂，另设武备普通中学"。7月，黎元洪赴日本仙台参观大操，是为第三次访日。

三次访日，黎元洪见识了日本军队的训练方法、军队管理，也认识到了中日在军事方面的巨大差距。因此，回国后积极鼓动张之洞派员赴日学习军事。在军队管理方面，黎元洪建议，兵士有重大过犯者，均交执法官审讯，不得擅杀。张之洞欣然采纳。

黎元洪科班出身的背景，加上张之洞的赏识，引起了一个人的嫉恨，他就是张之洞的得力心腹武将——副将张彪。张彪（1860—1927），字虎臣，山西榆次人，武举出身。张彪跟随张之洞从山西、湖北辗转两江再回湖北，他在军中的地位也节节高升。张之洞对张彪非常看重，还将贴身丫环许配给他，所以张彪人称"丫姑爷"。在湖北有"兵权全付丫姑爷"之说，可见其与张之洞关系之亲之近。由于张彪胸无点墨，不懂近代军事理论，黎元洪的出现让其嗅到了威胁。他开始处处给黎元洪出难题，但黎元洪却总能一一化解。综括起来，黎元洪处理与张彪关系的方法有四：

一是忍辱负重。有一次喝寿酒，张彪借酒力，指桑骂槐，说出心中积怨。大家都知道他在骂黎元洪，非常担心黎被激怒，以致当场撕破脸皮，难于收场。谁知黎元洪不仅不生气，还张罗给张彪上热茶醒酒，之后还亲自送张回府。

二是不留把柄。一次张之洞召开军官会议，黎元洪因病迟到。张彪见黎元洪

张彪 (1860—1927)

湖广总督瑞澂与湖北新军张彪、黎元洪等将弁合影

未来，就说有人在汉口看见黎元洪醉卧某妓院，估计不能来了。话音未落，黎元洪衣冠整齐精神抖擞地推门而入。张之洞听了张彪的话，正在气头上，遂申斥黎元洪，黎元洪不急不慢地申明因病迟到原委。张之洞把目光转向了张彪，张彪自知无理，低头不语。

三是居功不傲。1906年，张彪担任编练新军的湖北营务处总办。同年清政府整编全国军队，湖北成立新军，张彪任第八镇统制（师长），编练新军，具有新军知识的黎元洪协助编练。黎元洪工作认真、勤勤恳恳、任劳任怨，两个月后新军始具规模。张之洞校阅后，对黎元洪大加赞赏。黎元洪却说："凡此皆张统制之部署，某不过执鞭随其后耳，何功之有？"在场的张彪听到此话，也在心里暗暗感激黎元洪。

四是以德服人。1907年，赵尔巽继任湖广总督。赵准备以黎元洪取代张彪。黎元洪却坚辞不受，认为张之洞对己有知遇之恩，不该在张之洞走后就挤掉他曾经宠信的人，劝赵尔巽仍用张彪，同时表示自己会尽力辅佐。黎元洪还把此事告诉张彪，让他速想对策，保住官职。张彪连忙写信给张之洞请求帮助。后来张之洞致函赵尔巽，张彪乃留任。此后，张彪对黎元洪感激不尽，视为知己。

黎元洪凭借军事上的真才实学、游刃有余的人际关系，在湖北新军里逐渐站稳了脚跟。1903年，湖北增募护军前锋四营，黎元洪任统带，负责训练新兵工作。1904年，张之洞将湖北新军扩充为两镇，任副将张彪为第一镇协统；都司黎元洪为第二镇协统。此时的黎元洪手下有步兵一协，炮兵三营，骑兵两营，工兵一营和辎重一营，成为一个有职有权有兵的真正军官。这一年，黎元洪刚好步入不惑之年。

由于湖北练兵成绩突出，得到清廷赞赏，张之洞再募新兵，补足第一镇兵额。到1905年底，第一镇新军为12071名，第二镇5188名。这年，黎元洪晋升为游击，相当于上校旅长。第二年，第一镇被清廷练兵处改名为暂编陆军第八镇，张彪任统制。由于第二镇兵额不达标，改名为暂编第二十一混成协，任命黎元洪为协统。这是黎元洪在清政府获得的最大的同时也是最后的官职。

光绪三十四年十月二十一日（1908年11月14日）光绪皇帝逝于中南海瀛台。翌

秋操图

日，慈禧太后亦逝去，是为"二次国恤"。两位中国最高权力人物相继去世，举世震惊。革命党认为机会难得，四天后，安徽安庆炮队队官、同盟会会员熊成基率队起义，不成，逃亡日本。后熊成基暗杀清海军大臣载洵未遂，遇害。清政府遂加派军队，严加镇压，湖北当然也不例外。

二次国恤期间，黎元洪负责武汉守卫工作。光绪戊申（1908）秋操，南军总司令为江南第九镇统制徐绍桢，北军总司令是湖北第八镇统制张彪。张彪北上参加南北合操，湖北武汉的安全保卫工作就落在了黎元洪等人的肩上。时任湖广总督的陈夔龙看到局势不稳，即秘密召见黎元洪、金道鼎，嘱咐他们全力镇压。据陈夔龙回忆："当皖中兵叛之时，不幸适逢二次国恤，全国震惊。武汉地方人心浮动，讹言四起。余不动声色，密饬黎协统、金观察多方镇压，得以转危为安。"黎元洪不负总督所望，很快使地方上归于平静。然而，令黎元洪等人没有想到的是，革命党的种子——群治学社已经在他们的新军里孕育成立了。

光绪三十四年十一月二十日（1908年12月12日）晚，湖北新军第四十一标（团）三营军士杨王鹏、章裕昆等十人发起成立群治学社。其宗旨是"联合多数人知识，

蒋翊武 (1884—1913)　　　　　　　　孙武 (1879—1939)

研究学问，提倡自治"。群治学社积极发展新成员，成员从四十一标到三十一标再到四十二标，人数不断增多。同时，群治学社还吸收低级军官入社。时任第四十一标一营左队队官潘康时被破格批准加入群治学社。1909年中秋，群治学社易名振武学社。

新军各标、营出现的与革命有关的蛛丝马迹，亲信早已报知黎元洪。一日，黎元洪召潘康时前来位于武昌大东门内左旗的混成第二十一协司令部。

黎谓："汝队有人组织会党，汝胡置不问？"

潘答："有程度稍优之士兵若干人，常集合研究学术，无所谓组织，更无所谓会党。"

黎怒曰："现查革命党尽系如此，汝不严禁，反从而庇护之。"

潘曰："统领既不以为然，以后即禁止在一起研究。"

潘康时以研究学术为名，掩盖革命之实，令黎元洪非常气愤。他将潘撤职，调来了施化龙。施化龙表面对杨王鹏等人亲和，背地暗中侦查，终于发现革命证据，报告黎元洪。黎接报，谓："此事万不可声张，恐大帅闻之，更难处理。"于是将杨王鹏等四人撤职开除了事。经此一劫，振武学社的活动全面停顿。此时，新军中的党人亟需新的组织开展活动。

1911年1月30日，文学社正式成立，选举蒋翊武为社长。5月10日，文学社在武昌小朝街85号设立总机关，组织更加完善。文学社的迅速发展，为武昌起义的成功准备了条件。几乎在同一时期，另一个重要的革命组织——共进会，也在新军中秘密开展工作。

共进会的成立早于文学社。1907年8月，共进会在日本东京清风亭召开成立大会，到会者有刘公、居正、孙武、焦达峰、张伯祥、邓文翚等一百多人。推举张伯祥为会长。1908年秋，光绪皇帝和慈禧太后相继去世，让共进会成员看到了希望。他们在位于东京青山麻布区的华群舍开会，决定回国，从军队入手，开展革命活动。因为军队中人多来自帮会，如哥老会、袍哥孝义会、八卦大刀会、红枪天地会等秘密团体，为便于联系，共进会成员仿照帮会开堂、烧香、结盟、入伙的办法，自创一套山水堂香等四种名目的接头暗号。

万事俱备后，共进会核心成员相继返国，组织革命。孙武等回到湖北汉口，在法租界长清里设立了湖北共进会总机关。此后，居正、刘公、谭人凤等共进会骨干相继回汉，积极推动共进会在鄂的发展。1911年3月，又在武昌胭脂巷11号成立分部，方便了在新军中发展革命势力，也方便了与文学社的交流。

1911年3、4月间，共进会和文学社的核心成员就起义胜利后都督人选分别进行了秘密讨论。此时的黎元洪尚不知道，正是由于革命党人的暗中垂青，使他的名字得以有机会载入中国的史册。

三　首义都督

1911年10月10日，星期二，黎元洪当晚值班。下午5时，黎元洪准时来到位于武昌大东门内左旗的第二十一协司令部。司令部内一切如常，士兵们按时操练，按时就餐，按时就寝，按时熄灯。黎元洪见军中秩序井然，在接到卫兵"大门已锁"的报告后，也准备读几页书后，就洗洗睡了。

　　这时，司令部外传来几声枪响，接着院内一阵大乱。卫兵来报："抓获跳墙闯入者一人。"黎元洪一惊，道："何人如此胆大，带到会议厅来。"闯入者即奉命前往第四十一标传达起义信号的革命党人周荣棠。第四十一标隶属于第二十一混成协，其第二、第三营也驻大东门内左旗。卫兵将周荣棠带入后，"黎讯明来历，即用杀一儆百之计，手刃周于会议厅"。

　　关于此革命党人的身份，还有无名氏说、邹玉溪说、周荣发说、张立成说、王姓马弁说等五种说法。死者的身份虽然众说纷纭，但黎元洪曾经手刃革命党人一事却是板上钉钉。

　　黎元洪杀完人后，起初心情平静如常。让他略感不安的是，司令部外面的枪声越来越密集。他拿起电话，想打给湖广总督瑞澂，看看总督府是否需要保护，可是电话线已经被切断了。黎元洪这才意识到有大事发生，正想吩咐士兵集合，卫兵慌忙跑进来报告说，司令部大门外有左臂缠白纱的起义军高喊口号，大有里应外合之势。

　　黎元洪见大事不好，有心逃避，加之左右极力劝说，于是换上普通士兵服装，趁着夜色，从侧门逃出司令部。街道上子弹横飞，非常危险。陪在黎元洪身边的参谋官刘文吉见状，让黎元洪就近到自己家暂时一避，黎元洪点头应允。此时的黎元洪惊慌失措，一心想着保命，他还不知道武昌城里究竟发生了什么。

　　原来，共进会和文学社的革命党人秘密约定在10月10日晚发动起义，是为"武昌起义"。武昌起义爆发后，革命军首先占领湖北新军军械库——楚望台，然后抢占武昌制高点——蛇山。由于革命军战术运用得当，手中枪弹充足，且从高处向总督府炮击，令负隅顽抗的清军很快溃败。湖广总督瑞澂在亲兵的掩护下，逃往停泊在长江上的楚豫舰。陆军第八镇统制张彪则乘乱带领辎重营和马队过江，避往汉

瑞澂（1863—1915）

起义军占领楚望台的情景

激战后的湖广总督署,门前两尊石狮仍在。

武昌洪山宝通寺宝塔

口刘家庙。瑞澂和张彪逃走后，革命军迅速占领湖广总督府，武昌起义初告成功。

1911年10月11日黎明，武昌起义主要同志齐聚武昌阅马厂谘议局，商议成立军政府和推举都督等事。其时，大局初定，人心浮动。而革命党内重要人物如刘公、孙武、蒋翊武、居正、黄兴、谭人凤、宋教仁、杨玉如均未在武昌。于是由第十五协第二十九标代表蔡济民提出组织军政府，与会人员"咸表赞同"。即推蔡济民、张廷辅、吴醒汉、高尚志、蔡大辅、徐达明、王文锦、陈洪诰、谢石钦、邓玉麟等十五人组织谋略处。蔡济民为谋略处主要负责人。蔡济民（1887—1919），原名国桢，字幼香，湖北黄陂人，黎元洪老乡，共进会、文学社、同盟会会员，武昌起义元勋，湖北革命党参议部部长。湖北军政府谋略处成立后的第一项任务就是推举军政府大都督，谁人可以胜任呢？这时，省议员刘赓藻进言道："统领黎元洪现在城内，若合选，当导觅之。"文学社成员、首义元勋章裕昆在回忆时，并未提及刘赓藻之名，仅用"有人提议拥黎元洪为中华民国军政府鄂省大都督，从之"一笔带过。众人无异议，于是谋略处派人全城找寻黎元洪。

有人会问，黎元洪是清军高官，又手刃过革命党人，湖北军政府谋略处为什么会选其为大都督呢？其实，对于武昌起义后军政府大都督的人选，共进会和文学社的高层人物早有安排，黎元洪正是他们的"意中人"。事情是这样的：

1911年4月的一天，湖北武昌洪山宝通寺内正在举行秘密会议，讨论推举黎元洪为起义后的湖北军政府大都督问题，亦称"洪山会议"。与会者有文学社领导人蒋翊武，共进会领导人孙武、蔡济民等。文学社社员万鸿喈和刘九穗走到宝通寺门口，看见蒋翊武正站在那里等候他们。

蒋翊武对万鸿喈说："今天开会的内容，是要讨论推举黎元洪为临时都督的问题。"

万鸿喈不解："黎元洪不是我们的同志，怎么推他为都督？"

刘九穗在一旁笑了，对万鸿喈说："就知道你会反对，我们去那边草地坐会儿，详细谈谈这事。"原来，蒋翊武怕万鸿喈在会上反对，就让刘九穗与万鸿喈提前来，俩人一起做万鸿喈的工作。

通过交谈，万鸿喈了解到：文学社和共进会的领导人在起义前，考虑过多位都督人选，包括同为革命党人的清军将领蓝天蔚和吴禄贞等。但两人身在北方，远水不解近渴。不过，革命党人也没有放弃，决定派人与吴禄贞联系。由于担心吴禄贞在起义前赶不到武昌，革命党高层决定就近再物色一个都督人选。于是，大家的目光就落在了黎元洪身上。为什么要选黎元洪呢？

革命党人认为黎元洪的优势有三：一、黎元洪是当时名将。利用他可以号召更多的本省军人参加起义，还可以赢得外省军队高层人物的支持；二、黎元洪是本地高级将领。当时参加革命党的军人多为低级士兵，中级军官一个都没有，有了黎元洪的加入，就可以稳定军心，迅速控制局面；三、黎元洪为人宽厚，与士兵感情不错。军中党人可以接受黎元洪的领导，能够促进革命成功。

蒋翊武和刘九穗俩人说服了万鸿喈，三人一同来到洪山宝塔。宝塔位于宝通寺东北，又名灵济塔、宝通塔，造型为七层八面，塔高44米，沿塔内石阶盘旋而上，可直达顶层。万鸿喈一眼看到，蔡济民站在塔外警卫。万与蔡是世交，两人关系非常密切，但均不知对方与会，可见此会之秘密程度。

在塔内，万鸿喈看到了共进会的领导人孙武等人。会议仅持续十分钟，最后所有与会人员一致赞成"推举黎元洪为都督"的决定。

以上描述出自万鸿喈的文章《辛亥革命酝酿时期的回忆》。曾任湖北军政府参谋的国学大师熊十力说："万迪庥（万鸿喈）书论推举黎元洪为都督，自系实录，黎公被推，说者皆谓偶然，此乃大误，试思如是大事，可以偶然为之否？黎之被推，亦自有故。"万鸿喈在文章最后，还意味深长地说："后来组织军政府，果以黎为都督。是否即按照洪山会议执行，则不得而知了。"

事实上，推举黎元洪为都督的会议并非仅此一次。1937年，共进会首领孙武写就《武昌革命真相》一文，其中有："至辛亥三月，考查武汉军人已入会有十之八九，故五月初一日在长清里九十一号机关，招集干部同志……是会以起义为标准，故讨论之事最多……推黎元洪为都督，此会决定也。"这就是说，共进会曾同时召开过"长清里会议"，讨论黎元洪的问题。

不过，"洪山会议"和"长清里会议"都非常秘密，革命党人内部也仅高层人物才有资格参与，当事人黎元洪自然是一无所闻。

此刻，天已大亮。躲在参谋官刘文吉家里的黎元洪已经知道是军中革命党人发动政变，他不敢出门，但念及也许要躲避些时日，就委托刘文吉的家仆到黎宅取些换洗衣物和银两回来。刚刚经历起义的武昌城街道上到处是巡逻的革命军，行人非常稀少。刘文吉的家仆肩挑两只皮箱，从黎宅出来，走在空荡荡的的街道上显得非常扎眼。

正在城内寻找黎元洪的革命党人汤启发等人突然发现刘文吉家仆，以为是趁火打劫的贼人，就大声喝令其止步。经审问，得知真相，大喜，令家仆在前引路，同去刘文吉家。"黎见众至，知难再匿，出叱汤等曰：'余带兵并不刻薄，汝等何事难余？'众曰：'我等来此，特请公出主大计，非恶意也。'黎曰：'革命党人才济济，要余何为？'众曰：'公平昔御众极得士心，今之革命党员，均属同袍。众望所乎，无如公者，请即出领导一切。'"

此时，黎元洪尚不知革命党的真意，想到自己昨夜曾经手刃一名革命党人，全身不禁瑟瑟发抖，直冒冷汗。他看到革命党人均荷枪实弹，虽然口中说的是"请"，但惟恐稍一犹豫，就会引起杀戮，于是无奈地跟着汤启发等来到谘议局。

1911年10月11日下午1时，众人簇拥黎元洪来到谘议局。这时的黎元洪还是有辫子的。据当时在现场担任卫士的辛亥首义参加者童愚回忆："我和同学十人正在谘议局头门守卫，我荷枪与谢流芳同学立在门的右方，只见一簇人拥着黎元洪由东场口匆匆走来，有穿便衣的，有着军服的。黎头戴瓜皮青缎红顶子帽，身穿蓝呢夹袄，夹衣上穿一件海狐绒对襟大袖马褂，脚下穿的双梁青缎子靴，背后的豚尾尚未剪掉，完全前清官僚神气。"

进入谘议局，蔡济民请黎元洪落座，并与其商谈武昌善后事宜。这时，共进会成员李西屏手持刚刚写就的"安民告示"，请黎元洪在"湖北军政府大都督"下签个"黎"字。黎元洪此时尚无心理准备，连忙摆手说："毋害我！"黎元洪的举动让

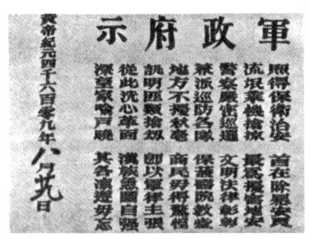

湖北军政府发布的安民告示

李西屏大怒，"手秉长铳示之曰：'汝腼颜事仇，官至统领，岂大汉黄帝子孙耶？罪不容于死。今不汝罪，举为都督，反拒绝之，岂非生成奴性，仍欲效忠于敌耶？余杀汝，另举贤能。'"蔡济民等见李出枪，忙上前制止。黎元洪也吓得不知所措。李西屏无奈，就自己提笔在"安民告示"上写了个"黎"字，找人贴了出去。黎元洪遭遇这个下马威，心情非常低落。

黎元洪在谘议局，身边都是看守之人，并无行动自由，所以感到绝望。"饮食不进。一来革命党人把他当成囚徒，二来清廷方面又把他当成叛徒。当时很想一死了之"。第二天，黎元洪的家仆带着衣服和食物来看望他，守卫不准入，家仆就在外面喊："如夫人劝主公降。"如夫人即黎之妾黎本危。黎本危，原是汉口妓女，花名危红宝，江西贵溪人。黎元洪于汉口南城公所伎馆喝花酒所识，后纳为妾，并改其名为黎本危，也称危文秀。由于家人的劝说，黎自此不再担心生死问题，而是重新考虑立场的抉择。

10月13日，黎元洪试图缓解与守卫间的紧张气氛，主动开口与他们聊天。"刚巧碰到莽撞的甘绩熙、陈磊两位同志，甘绩熙不等黎的闲话说完，便插话说：'你这几天总是苦脸对待我们,太对我们不起,以后如不改变,将以手枪对待。'黎答复说:'你年轻人不要说激烈话,我在此将近三日,有什么事对待你们不起?'陈磊接着说:'你是对得起我们的,但你的辫子尚未去掉。你既为都督,应做一个模范,首先去掉辫子,借以表示决心。'黎到此时才说:'你们不要如此激烈,我决心与你们帮忙就是。你们说要去辫子,我久有此意,从前我在军中曾出过'剪发听便'的通令,你们明日叫个理发匠来,将我的辫子剪去就是。'"黎元洪剪掉辫子,在发型上与革命党人已经无异,但立场还停留在过去。从黎元洪与武昌首义元勋、鄂军政府军务部参议邓玉麟在稍后一次会议上的对话中,还能看出他当时尚未坚定革命的心情。对话是这样的:

黎又问:"瑞澂、张彪统清兵水陆并进,何以抵御?海军军械尤犀利,吾服役海军多年,故悉知,不需十弹,此城将粉碎矣,汝等将退往何处?"

邓玉麟以退湖南答之。

黎曰:"有何把握?"

邓曰:"焦达峰已约下月初间举事。"

黎曰:"以吾观测,殊无把握。依吾之见,汝等不若暂且回营,待吾往说瑞、张,使不追究,何如?"

何竹山抗议曰:"吾人革命,原不计生死利害,但尽心力而行之,虽肝胆涂地,亦甘之如饴也。统领意见,绝对不可行。"

黎窃叹不已,遂下令各标、营、队暂回营舍,架枪休息,然听者少数。

从中可见,彼时,黎元洪对革命的未来毫无把握,尚在等待观望。但黎元洪在观望过程中,发现革命党人"万众一心,同仇敌忾","党军亦并无侵犯外人及一私人财产之事。不但中国历史上视为创见,即各国革命史,亦难有文明若此"。这些都是黎元洪过去闻所未闻的,他的内心开始逐渐向革命倾斜。

革命党人并不关心黎元洪是否真的革命,他们需要黎元洪来号召更多的人民、更多的省份参与到革命中来。10月15日,革命党在武昌阅马场筑方坛,设香案,黎元洪第一次以湖北军政府大都督的身份出现在世人面前,带领武昌高级将

"Gen. Li Yuen-Hung, a revolutionist leader, is leading 20,000 picked soldiers against the Imperialists.
"The Han-Yang arsenal is in the hands of the revolutionists.

1911年10月17日，《纽约时报》报道黎元洪的新闻原文。

校举行祭天仪式。黎元洪上香、献牲、酌酒、奠酒后，当众宣读誓言："元洪投袂而起，以承天庥，以数十年群谋众策，呼号流血所不得者得于一旦，此岂人力所能及哉？日来收集整备，即当传檄四方，长驱漠北，吊我汉族，歼彼满奴，以与五洲各国立于同等，用顺天心建设共和大业。凡我汉族，一德一心，今当誓师命众。"誓言读罢，阅马场中的全体将校举枪三呼万岁，军乐队高奏军乐，群情激昂。

黎元洪正式就任湖北军政府大都督后，他的名字立即蜚声海内外。1911年10月17日，美国《纽约时报》第一次提到了黎元洪的名字："义军领袖黎元洪将军率领两万精兵对抗清廷。"武昌的《时报》也在武昌首义一周内刊登了黎元洪小传——《武昌革命军总统黎元洪之历史》，对黎元洪大加褒扬："元洪治军，宽严适中，爱兵怜才。凡湖北军界稍有才气者，无不被张彪挤之使去。而元洪则能留者留之，不能留者尽力助之。至今鄂中军界无不心佩黎元洪者，则其人之气概可知矣。"

当众宣誓"建设共和大业"的黎元洪，无论发型还是立场都彻底地与革命党人走到一起，而且他的"共和"理念，从此以后无论遇到何种困难和威胁，都再未改变。

既然矢志革命，黎元洪开始以湖北军政府大都督的身份和立场考虑革命军所面临的问题。此时，清军尚未南下，革命军所面对的主要是外交和内政两大问题。黎元洪解决这两大问题的重要手段就是起用专业人才。

湖北军政府顾问李国镛等至都督府见黎元洪，表示愿意助都督成大业。黎元

首义大都督黎元洪

1911年黎元洪指挥武昌起义军时留影

《大汉报》

洪问该从何处着手，李国镛答应以外交为前提，并推荐从俄国学习法律归国的外甥夏维松与其会同办理。李国镛和夏维松到汉口见到俄领事敖康夫，得其承诺："世界只有强权无公理。如各国为难，我必从中调停。两君转达贵军政府，总以速攻瑞澂、张彪为上策。如战胜，我必首倡承认贵军政府为交战团体。"何谓交战团体？交战团体是指一个国家内从事武装战争，控制部分地区，并且得到国际社会的承认，享有与交战国同样的外交权利，承担同样的国际义务。民军要想获得交战团体的地位，只有一条路，就是战胜清政府。军政府同时也与英国驻华公使朱尔典沟通。10月16日，革命军在汉口刘家庙击败清军张彪部。得此消息，各国领事于当晚举行会议，决定给予鄂军政府交战团体地位。17日，各国领事发布公告，声明严守中立。各国领事严守中立，客观上为革命的胜利提供了保证。

外交步入正轨，还须解决内政问题。革命后，湖北军政府谋略处迅速制定《湖北革命军政府内部组织条例》，并根据条例，成立军政府四部，即司令部、军务部、参谋部和政事部。各部成立后，急需大量专业人才。湖北军政府筑巢引凤，建立集贤馆，专门负责各类人才的录用工作。集贤馆每天要接待数千人，忙碌异常。投靠者在集贤馆留下简历，黎元洪有时会亲自披阅，精挑细选所需人才。黎元洪的"御用"秘书饶汉祥就是通过集贤馆加入湖北军政府，成为都督府书记的。为顺利办理外交，黎元洪还"特饬该馆专聘翻译，如知各国语言文字均可投效"。由于国人革命热情高涨，前往武昌参加革命的志士络绎不绝，军政府只得另开第二集贤馆接待四方贤士。谁知依然不敷使用，"特于十四日派员在文昌门外皇华馆内(开办第三集贤馆)，照第一第二集贤馆办法，专集各省远来贤才，庶几始符集贤之初衷而不负远来之热心云"。集贤馆的成绩是惊人的：自10月11日至11月底，投效人员总计约1万人。此外，集贤馆还发布告，召集军事人才和警察人才。这为武昌起义的成功提供了人才准备。

除人才外，湖北军政府还发行报纸，控制舆论，宣传革命。当时所办报纸分为两种：民办和官办。民办报纸以胡石庵《大汉报》为代表。天门人胡石庵于武昌占领后，曾在武昌发行《大汉报》，是革命初期之宣传报纸。官办报纸是《中华民国

起义后，湖北军政府委托中华银行发行的印有双龙纹的钞票。

公报》。该报是湖北革命军政府的机关报，主笔是湖北竹山人张越。《中华民国公报》于1911年10月16日发刊，负责为军政府发布命令、条例，宣传革命。

武昌革命后，由于政府缺位，社会治安比较混乱。满人遭到无端杀害，井水有人投毒，导致人心惶惶。军政府顾问李国镛向黎元洪建议，成立保安社维护社会治安，稳定人心。经黎元洪批准，保安社成立，李国镛为第一任社长。武昌社会治安也因此大为好转。

再进步的政府，如果没有金融的支持也无法运转下去。武昌起义后，革命军占领了湖北藩库。据清点，该库存款达4000万之巨（一说是银百万两）。军政府还印发了自己的钞票，钞票为淡红色底，双龙纹，上刊印"中华银行"准完税厘字样（与交通银行票略相似）。前线战事，用度颇巨。军政府还加强税收，以保障军费之需。11月8日，军政府更募集公债筹措军费。

内政外交等事安排妥当后，黎元洪和他的湖北军政府就要全力面对来自清廷的军事威胁。

四　停战议和

10月17日，清陆军大臣荫昌率领陆军第一军到达河南信阳。当天，清海军提督萨镇冰亦率领舰队抵达汉口。盘踞在汉口刘家庙的第八镇统制张彪正在搜集残部，伺机反扑。面对张彪，黎元洪首先想到的不是战，而是如何劝降，企图将其拉入革命阵营。

黎元洪首先想到的是"让位之计"。黎元洪就职都督后，即召集军官训话。这次训话的具体日期我们不得而知，训话的内容据武昌首义元勋张文鼎所记："开会时拟即建议派员往说张彪回来，我让都督席位，使他仍为我等之长官，兄弟愿往前方督师作战；张如执迷不悟，就是我们的敌人。"

黎元洪想以大都督位为诱饵，劝降张彪。派谁去劝降张彪呢？还真有一个绝佳人选——齐宝堂。此人是张彪亲信，官任陆军第八镇辎重第八营管带。

黎元洪命人修书一封，曰："仁兄犹是黄帝之子孙，独不欲雪祖宗二百六十余年亡国之耻乎。清夜以思，当亦废然自返矣。用敢遣贵亲信齐君宝堂，邀迎仁兄，助我同胞，救出水火。大业告成，虚位以待，铭勋于册，铸像于铜，将见地球各国，呼仁兄为黄帝之肖子，复汉之伟人，与法拿破仑美华盛顿争烈矣。"

张彪阅罢此信，勃然大怒。他对齐宝堂说："我辈为高级长官，食皇上俸禄，理应尽忠朝廷，万不可造反。不日北京有大兵南下，将武昌革命扑灭，叫黎元洪小心小心。我提拔他到这个地步，他还不知恩，反致造反，真不是一个东西。"张彪嘱咐齐宝堂回去后如实将此言转达给黎元洪，并找机会返回汉口，继续为清廷效力。

黎元洪和张彪虽共事多年，但思想却大相径庭。武昌革命前，黎元洪参加过湖北铁路协会。该协会在保路运动中诞生，属于进步团体，革命党人和立宪党人均参与其中，军界代表就是黎元洪。张彪则是坚定的保皇派，对进步思想均嗤之以鼻。武昌革命后，黎元洪投身"共和"事业，而张彪依然"保皇"。直到张勋复辟，张彪依然陪伴在清帝左右，其"愚忠"可见矣。黎元洪第二次就任大总统期间，于1923年农历新年前（2月8日），下发大总统令，任张彪为壮威将军，算是对其仁至义尽。

到达汉口的清军马队

湖广总督端方（坐者）、张彪（着军服者）在汉口

到达刘家庙的革命军

革命军在汉口附近伏击清军

劝降不成，黎元洪决定武力退敌，以尽快取得交战团体地位，争取各国中立。10月16日，革命军击败张彪部。17日，各国领事即发布公告，授予军政府交战团体地位。10月18日，清援军乘火车抵达刘家庙，革命军趁清军立足未稳展开进攻，一度占领刘家庙。但这次清军已有准备，张彪、萨镇冰、瑞澂多方支援，清军复占刘家庙。10月18日深夜，黎元洪召开军事会议，讨论汉口战事。决定撤换何锡藩，以张景良为汉口指挥官，明日进攻滠口清军。用张景良这步棋，给革命军带来极大灾难，最后导致革命军兵败汉口，张景良被枪毙。

可以看出，当初策反张彪确实是一步好棋。如果策反成功，汉口刘家庙之战完全可以避免。不仅革命军会节省武器弹药、减少伤亡，汉口人民也会免受战火之扰。通过刘家庙之战，可以看出张彪并非很多书中所写的那么无能。他知兵善战，一旦能为革命军所用，对革命事业而言，绝对会有很大的帮助。

10月17日，萨镇冰乘楚有舰从上海抵达汉口，扬言："兵轮一到，即开炮轰城。"萨镇冰说到做到，"战舰开始以令人吃惊的精确性把炮弹发射到革命军的营地，革命军似乎没有希望了"。萨镇冰率领的舰队阵容强大，计有：海琛、海容、海筹三巡洋舰，江贞、楚有、楚同、楚泰、楚豫五炮舰，辰字、宿字、湖隼、湖鹰、湖鹗五雷艇。黎元洪知道，再这样下去，等到荫昌陆路大军集结完毕，武昌就岌岌可危了。黎元洪决定再次使用"让位之计"。

10月20日，黎元洪致信萨镇冰，邀请萨镇冰参加革命，"只要吾师肯出，拯救四万万同胞，则义旗所至，山色改观……吾师救民，必不让华盛顿专美于前也"。信的结尾，黎元洪不卑不亢地说："洪非为私事求于函丈，实为四万万同胞请命。"而且还威胁道："洪计之已熟，否则各同胞视为反对此志之人，即以满奴相待。虽洪亦不能禁止其不邀击也。"

球踢到萨镇冰脚下，他作何反应呢？据《大汉报》创办人胡石庵所记："黎玉山上舰投函，颇受危险。及函投入，萨殊优待，并亲书复函与黎，使携之归，并使人送登岸上。复函甚简略，谓彼此心照，各尽其职云云，言外已有深意存也。"据汤芗铭回忆："萨先生阅后默无一言，只告诉我黎原是海军中人，甲午中日之战时因军舰被击沉，浮水得以生还。"汤芗铭，黎元洪麾下政事部长，汤化龙胞弟，曾赴法国求学，后到英国进修海军课程，时任萨镇冰的参谋长。

前面提到胡石庵说送信人是黎玉山，其实主送信人另有其人。这个人就是马超俊。马超俊（1886—1977），早年跟随孙中山参加同盟会，参加过镇南关起义、黄花岗起义、武昌起义。抗战前后曾任南京市市长。据马超俊回忆："萨阅毕考虑三小时之久，我在旁屏息等候，最后萨乃亲笔作复云：'宋卿学弟：示悉，各尽其职，此复。'下款签萨镇冰三字。我接信后，即返轮赴武昌复命。此时，黎为避北军炮击，已迁居洪山寺。我乃到洪山寺晋见，并将萨信呈上，黎看信说：语义双关，但无恶意，你不虚此行。我当时向黎报告，在我登舰时，舰上炮衣已脱下，正向武昌方面准备射击，等我下船后，炮衣又都穿上了。"

接到萨镇冰复函，黎元洪即修书一封，分致楚有、楚同、楚泰、建威、建安、江利六船主。信中黎元洪强调："前已函萨军门详陈一切，已邀默允。"上述六舰均隶属长江舰队，此次亦划归萨镇冰辖制。黎元洪指出："本军政府作战计划，意在扑灭满奴，故炮弹攻击，专注楚豫。"时清督瑞澂躲藏于楚豫舰，他是军政府追缉的目标之一，故有"炮弹攻击，专注楚豫"此说。

萨镇冰当然不信黎元洪的一面之词。在汤芗铭的建议下，萨镇冰派楚有舰轮机士兵刘伦发前往武昌，探听黎元洪所说是否真实。刘的家眷住在武昌，熟悉情况，便于搜集情报。两天后，刘回来报告萨镇冰："武昌革命军秩序良好，人民亦同心协力要推倒清朝，建立共和，青年学生纷纷投入军队，准备作战，都督黎元洪的司令部设在阅马厂谘议局里面，革命政府的职员都能吃苦耐劳，每月只支20元的生活费。"萨镇冰听后一言不发，"只是听到革命政府每人每月支20元的生活费时连连点头"。萨镇冰的内心天平正在向革命倾斜。

11月7日，萨镇冰致书黎元洪。这封信的全文目前已经无法找到，我们只能从其他史料中略知一二。张国淦记载："萨镇冰自军次来书，以国体政体为言。"《清末海军史料》亦称："九月十七日（11月7日）萨镇冰曾致一书于黎都督，大意言鄂省起义，初亦无甚反对；但民国政体，不宜行之于中国。"可以看出，萨镇冰在与黎

萨镇冰倒戈后率领军舰在江宁下关江面上

元洪书信往来后,开始思考民主体制是否适合中国的问题。

黎元洪趁热打铁,立即复函一封,阐明了自己的政体观点:民主不过是肇事者(革命党)用以号召人民,反抗清朝专制政府的手段,因为这是"心理之所趋"。至于革命成功后政体之选择,要"视程度之所至",这里的"程度"是指"联合会议"最终讨论的结果。黎元洪认为萨镇冰关于政体的主张是正确的,期待萨将来能在各省议会发表自己的政见。

不知是否是黎元洪的信函起了作用,萨镇冰终于做出了抉择。海筹、海琛、海容三艘战舰已于1911年11月1日,"系因水涸,奉萨统制谕命驶东下"。九江军分政府都督马毓宝得报,立刻电报黎元洪。黎元洪回电命"马都督派员优待萨镇冰,而萨乘江贞舰下驶,已由黄石港换乘渔船至九江英领署,借宿一夕,翌晨乔作商人赴沪"。

不过,战争并非从此以后一帆风顺。10月28日,清军第二军军统冯国璋率部抵达汉口。同日,同盟会领袖黄兴偕夫人徐宗汉,同宋教仁、李书城等在上海红十字会的掩护下,化装成医师来到武昌。黎元洪此时正为无人主持前线战事发愁,听

1911年的冯国璋

黄兴军礼服照

汉口龙王庙战后遗迹

清军火烧汉口，江中停泊着外国军舰。

说黄兴到，即派军乐队、仪仗队在江岸迎黄入都督府。交谈后得知汉口战事吃紧，黄兴遂于当晚偕杨玺章、查光佛、蔡济民、徐达明等渡江赴汉口。11月1日，冯黄交战，黄兴败，冯国璋火烧汉口，烈火三日不息，市区化为焦土，人民死伤无数。冯国璋攻陷汉口后，黄兴无奈返回武昌。11月2日晚，黎元洪召集军事会议，决定任命黄兴为战时总司令。黄兴随即驰赴汉阳督战，可惜还是铩羽而归。

恰逢江浙联军来电催促黄兴速往助战，于是黄兴等人与武昌革命党人告别，坐船返回上海。黎元洪在送别黄兴时，执黄手曰："汉家大局又随鄂江潮俱去矣。"黄亦哭谓黎曰："兹者赣沪已响应，吾将乞兵来援也。"黎领之，派队送黄，由毡呢厂过江而东。

就在冯国璋火烧汉口之时，清廷钦差大臣、湖广总督袁世凯已经派刘承恩通过信函与黎元洪取得联系。刘承恩，字浩春，湖北襄阳人，北洋武备学堂出身，袁世凯幕僚，曾任湖北武建左旗第一营管带，与黎元洪是旧识。为什么清廷一面战争，一面劝降呢？主要原因是清廷此时财政极度困难，透支严重，甚至连慈禧太后生前积攒的内帑都拿了出来，应付战事开支。

11月1日，刘承恩委托日本友人送信给黎元洪，劝其早日息兵，使百姓生活重归安宁，并劝降道："诸公皆大才槃槃，不独不咎既往，尚可定必重用，相助办理朝政也。且项城之为人诚信，阁下亦必素所深知。此次更不致失信于诸公也。"

黎元洪读罢来信，断然拒绝了刘承恩的劝降，此时，黎元洪的心中并未有

1911年的袁世凯

"和解"二字，他一心为除民贼，声称"不敢奉命"。袁世凯读过回信后，并未放弃争取和解的希望。11月2日，袁嘱刘承恩和张彪致函黎元洪，招其归顺。不久收到黎元洪复函，称"现开会议，一二日定局再告"。袁世凯认为黎元洪"语气尚恭顺，然匪心叵测，战备仍不敢懈"。袁世凯始终贯彻清廷"剿抚并进"的政策，但"抚"这方面的进展甚微，连英国驻华公使朱尔典也认为，虽然"袁世凯与起义军首领之间交换了信件，但起义军首领表现出不乐于答复对他提出的建议"。不过，袁世凯并没有放弃。

11月7日，刘承恩派王洪胜渡江到武昌面见黎元洪说和。谈话持续约两个钟头。谈话接近尾声时，黎元洪说："你回去即将我的话，禀知你们大人。你们大人若是能过江来，就请过来谈谈，要过来时，先派人送个信来，我好派人到江边去接。"

邀请刘承恩来武昌，说明黎元洪的和解之门已经打开。然而袁世凯却无法对此寄予厚望。因为随着广州、太原的失陷，上海、南京也岌岌可危，胜利的天平已

武昌起义时，黎元洪（右三）在前线查看地形。

汉阳三眼桥。革命军曾在这里狙击清军。

经向革命党倾斜。袁世凯在寻找和解之路的同时，也在积极备战，争取夺下武汉三镇以掌握话语权。

11月11日，蔡廷干和刘承恩应邀来到武昌进行和谈谈判。会谈中黎元洪首次提出推举袁世凯为总统的想法。"以项城之威望，将来大功告成，选举总统，当推首选"。

会谈后，蔡、刘二位携黎元洪致袁世凯一函，返回汉口。信中言道："设执事真能知有汉族，真能系念汉人，则何不趁此机会，揽握兵权，反手王齐，匪异人任；即不然，亦当起中州健儿，直捣幽燕。"

袁世凯见信后顿觉和解无望，决定以武力迫使黎元洪接受和谈。11月20日，袁世凯派刘承恩与黎元洪代表孙发绪在汉口俄领署谈判议和，未达成协议。22日，俄领事敖康夫提议双方先罢兵，后议和。25日，清军攻陷汉阳三眼桥、汤家山

首义大都督黎元洪

等处，民军退守十里铺。26日，十里铺失陷。27日，汉阳失陷。黎元洪派外交次长王正廷往访驻汉口美领事顾临，请其斡旋停战三日，并表示愿意接受君主政体。同一天，朱尔典致电英国外交大臣格雷说："黎元洪都督准备接受立宪政府，并照该意发出信息。"这一次，黎元洪主动回到谈判桌。

为顺利达成停战条款，黎元洪致电苏赣浙等省都督，"请告徐统制，如此间议决停战，则取宁之师，本当同时停战。事机如何，手腕须灵活，特先电闻，余俟议决再告"。徐统制，即徐绍桢，南京新军第九镇统制（师长）。从这份电报可以看出，这次停战的决定，黎元洪是代表革命军全体做出的。

12月2日，驻汉口英领事葛福派员分别与湖北军政府及清汉黄德道道台黄开文磋商，南北首次达成停战协议，规定自12月3日8时起至6日8时止，武汉地区停战三日。汉黄德道，隶属于湖北布政司，下辖汉阳、黄州和德安三府，故称汉黄德道。12月7日，清廷任命袁世凯为全权大臣。12月8日，唐绍仪前往汉口进行议和谈判。12月6日至9日，为停战延期阶段。12月9日，"南北双方再次议定，自9日早8时起，至24日早8时止，各战场均停战15日，是为第三次停战"。唐绍仪于11日抵达汉口，12日黎元洪会见唐绍仪，双方商定以上海为议和地点。到年底，双方进行了四次议和会议。

至此，南北军事上的战争告一段落，然而黎元洪与袁世凯之间政治上的较量，则刚刚开始。

五　计杀振武

1912年1月1日，中华民国成立。当晚，孙中山当选中华民国临时大总统。1月3日，各省都督府代表联合推举黎元洪为中华民国临时副总统。2月12日，清帝溥仪下发退位诏，宣布退位。13日，孙中山信守诺言，辞去临时大总统一职。15日，南京临时参议院选举袁世凯为中华民国临时大总统。20日，南京临时参议院连选黎元洪为中华民国副总统。由此，黎元洪的人生进入了民国时代。

1912年8月16日，北京各报均刊登了一则令人震惊的消息：今日凌晨1时，袁世凯下令将湖北军政府军务部副部长张振武杀害。消息一出，举国震惊，谴责袁世凯杀害武昌首义元勋之声不绝于耳。第二天，又有消息称袁世凯杀张乃循副总统黎元洪之电请。那么，张振武是何许人也？黎元洪为什么要杀死张振武呢？

张振武，字春山，湖北省罗田县人，寄籍鄂省竹山县。辛亥武昌首义三武（孙武、蒋翊武、张振武）之一。张天资聪颖、过目成诵，曾就读日本早稻田大学，学习法律政治。在日本，张振武成为中国同盟会会员。同时，还加入体育会修习战阵攻守等军事课程，可谓文武全才。张振武在武昌起义中，以共进会首领身份组织联络，参加战斗。由于功勋卓著，地位显赫，革命后，张振武在鄂军政府权力最大的

临时大总统孙中山接受士兵敬礼

军务部任副部长一职。后部改司，张任副司长。

　　张振武死在北京，但其死因却发酵于湖北，这一切要从张振武赴沪购枪说起。武昌起义期间，革命军在汉阳遭遇失败，同时，枪支弹药严重短缺，如不及时补充，革命军的处境势必雪上加霜。张振武便向黎元洪提出前往上海购买枪支和弹药。经黎元洪同意，由财政部拨20万元购枪专款，交与张振武携往上海。1911年12月13日，张振武出发。

　　张振武一到上海，即赴三井、大仓、高田等日本洋行，联系采购枪弹事宜。日本洋行商人见来了大客户，无不热情招待。在灯红酒绿中，张振武逐渐迷失自我，将购枪要事全权托付给几个日本洋行办理。张振武忘了"羊毛终究出在羊身上"，他完全没有想到这些日本商人会在枪弹质量上做手脚。

　　转眼一个月已过，张振武的枪还未运到武昌。虽然此时正值停战议和期，战争威胁得到缓解，但各地民军仍在积极备战，武器需求量很大。1912年1月11日，湘桂联军总司令官沈秉堃来电，以援鄂为由向湖北借枪400支、子弹50万发。可是黎元洪的武器储备也很紧张，但为支援友军，还是拨给沈秉堃步枪128支，子弹15万发。此时虽已停战议和，但民军和清军还时有交火，民军内有兵无枪、有枪无弹的

位于武汉石门峰辛亥首义纪念园中的张振武之墓

情况已属常态。

12天后，湖南都督谭延闿亦来电要求借枪5000支。可这回黎元洪连128支都无法搞到，更别说5000支了。黎无奈复电："敝处所购之枪，尚未运到。敌军已退至孝感，和议正在磋商条件。"枪真的没运到吗？非也。枪已经运抵武昌，但经检查发现，这批枪为日俄战争时期的废枪，无法使用。这种家丑，黎元洪当然不能如实告诉谭延闿。虽然黎元洪心中埋怨张振武办事不力，但当时还不想同他撕破脸皮。

正巧这时，张振武从上海给黎元洪发来电报，报告将于1月28日起程返回武昌。黎元洪觉得应该向张振武说明情况，就回电说："运抵武昌的枪均为废弃之物，无法使用。"并请张振武速回复。

电报发出后，黎元洪越想越生气：他张振武办事不力，我凭什么支支吾吾，遮遮掩掩的？于是，黎元洪当天再次致电张，这次，他的口气强硬起来："所购之枪，系日俄战争时日本所得俄国废枪，全不适用，不特虚糜鄂款，亦且贻笑外人。宜速与前途交涉更换为盼。"

"虚糜鄂款"是黎元洪首次对张振武的工作提出批评。张振武并未意识到事情的严重性，甚至复电辩解，称这批枪在上海时经过丁复的检验，发现有几箱旧枪，但尚属可用，就发往武昌了。同时表示已经向日本洋行罚银万两，并会努力交涉。丁复是张振武的手下。黎元洪见张振武购枪迟迟未有音讯，就派丁复前往上海协助张振武办事。用巨款买来废枪，还百般狡辩，甚至将责任推给下属，足见张振武并未有悔过之心。

张振武的回电还暴露一个问题，即他知道运往武昌之枪是废枪。既然已经知道有废枪，为什么还要运往急需武器的湖北前线呢？仅以渎职来解释，恐怕是轻了。按照湖北军政府的《军律》："遗失军械资粮者论情抵罪。"张振武所为显然不是"遗失"而是"以废充好"，显然罪过更甚。

第二天，张振武发来电报说，日本机关枪、75毫米速射炮弹、万套军用雨衣已经到沪，请拨款13万余元。黎元洪这次学聪明了，他指示张振武货到付款。在复电中，黎称："不知所购之炮弹、机关枪及该子弹各若干，已付银若干，尚欠款若干。即将所购之枪炮子弹全数运鄂，俟试验后，如能合用，再行交款，庶免受欺。"黎元洪的"庶免受欺"，与其说是怕张振武被日人"欺"，倒不如说黎元洪怕自己被张振武"欺"吧。

为慎重起见，黎元洪决定派陈宏诰前往上海调查。陈宏诰，生于1889年，亦名伯雄，字达五，号启民，湖北江夏人。1911年考入第一法官养成所，并于当年参加武昌起义。张振武得知陈宏诰到沪是为调查自己，竟"密遣人袖枪伺其登舟刺之"。好在陈宏诰早有准备，躲过一劫。为掩盖事实，竟然暗杀革命同志，张振武在错误的道路上真是越走越远。

如果此刻张振武能悬崖勒马，或许还有挽回余地，可惜的是，他又向错误迈出了一步。张振武见黎元洪迟迟不汇款，就擅自做主把本应运往湖北的武器，卖一半给谭人凤作北伐之用。未经大都督允许就私自做主将军火卖给他省，张振武显然已经触犯军律，走向犯罪。

正在上海的湖北军政府秘书长杨玉如，目睹了张振武的所作所为，非常震惊。1912年2月8日，杨玉如致电黎元洪，报告张振武要借北伐之名逃亡。黎元洪接电后，觉得此事非同小可，连忙致电上海都督陈其美，称："敝省张振武，欲将所购之枪械，携往他处。祈代将枪械悉数截存，并将张振武扣留，即派员接收，以保款械为祷。"至此，一场在湖北省内部不断发酵的购枪事件终于将影响扩大到了省外。请上海都督扣留军政府军务部副部长，如果没有确凿的证据，谁会出此下策？

对于张振武的所作所为，就连《黎元洪诬杀张振武始末记》的作者刘惠如都说："从上面这些零碎的往来电报中，可以看出张振武是个桀骜不听命令的人。"不过，黎元洪冷静下来后，还是选择忍耐张振武的"桀骜不听命令"，给他一次机会。

这时，清帝宣布退位，袁世凯当选中华民国正式大总统，中国进入一个崭新的历史阶段。可武昌却并不太平。1912年2月28日，武昌群英会联合数千军人发动武昌"二次革命"，革命党人孙武成为声讨目标，其家被捣毁，洗劫一空。黎元洪下令

LI YUAN HUNG.   洪元君篆

印有黎元洪像的明信片，上有天津邮戳和1分大清龙邮票。

全城戒严，并派出宪兵弹压，全城始恢复平静。经此一事，加之已经步入民国，黎元洪似乎不想继续深究张振武购枪之事了。张振武见形势缓和，就回到了武昌。

由于前有龃龉，黎元洪不愿再留张振武在身边，于是将其推荐给袁世凯做总统府顾问。张振武到北京后，觉得自己不适合顾问的工作，有归乡之意。黎元洪哪肯让他回来，袁世凯心领神会，就委任张振武为蒙古调查员。张振武不就，遂返回湖北。

黎元洪此时已无暇操心张振武之事，他正在处理湖北"军民分治"问题。武昌二次革命，一夜之间，大厦将倾，军营一呼，政界俱倒。黎元洪深刻认识到军人把持权柄将贻害国家，为此他作了反思。4月10日，黎元洪致电袁世凯提出自己的军民分治思想，也就是著名的"十害、三无"文，"十害"即：第一害，各省都督管理民政事务，因学识所限，难免被人利用，连累大局；第二害，各司人员负责专业事务，因军人胁迫，难免钻营投机，动摇全局；第三害，各地军旅滥征兵糜兵饷，因纪律废弛，难免纷扰治安，人祸相循；第四害，各地军队肆意加赋征税，因竭泽而渔，难免搜刮利诱，债台高筑；第五害，各地司法本应独立执行，因军人干涉，难免借口军法，儿戏民命；第六害，各地驻防军队奉命远来，因狂妄自大，难免蹂躏乡里，荒废工商；第七害，各地穷困书生无资糊口，因做官无门，难免联络军人，组织会社；第八害，各省高级军官人数近千，因权力过大，难免拥兵反侧，制造兵祸；第九害，各省都督关注省界疆域，因兵权在手，难免挑衅扩张，内讧不息；第十害，各省都督广招党羽朋类，因不受约束，难免煽动兵变，列强虎视。

除"十害"外，黎元洪还指出军界有"三无"，即无道德心，无法律心，无责任心。他认为要长治久安，则必须"将军务、民政划为二通"。民政通过议会，综览政纲；都督须经中央委任，专管军队。在全国实行征兵制度，"及年则入伍，满限则归农"，提出"整军治民，分途异辙"的军民分治思想。军民分治的宗旨就是裁军，它是在政治混乱、经济困难的背景下提出的。湖北战后颇为拮据，一方面百业待兴，一方面8万余军人的饷银成为沉重的财政负担。军队已非裁不可。

军民分治的裁军实质，当然符合袁世凯削弱地方兵权的意图。袁世凯一直在想方设法地削弱各地兵权，黎元洪的"军民分治"正中他的下怀。4月12日当天，袁世凯即复电黎元洪，谓"今有我公以身作则，祸机之息，新邦之固，其可决矣"。4月19日，黎元洪委任樊增祥为湖北民政长（省长）。樊增祥（1846—1931），号樊山，曾任护理两江总督，文学家。樊以养疴为名坚辞不就。樊的拒绝让黎元洪觉得颜面大失，后来他当总统时，樊增祥致信称欲谋总统府顾问职。元洪接信后，遍示在座诸人曰："樊樊山又发官瘾。"众问何以处之？元洪曰："不理，不理。" 5月13日，黎元洪命由刘心源暂署。7月1日黎元洪任刘心源为湖北代理民政长，湖北军民分治正式开始。

然而，改革必定会触碰一部分人的利益。军民分治一出，军人强烈反对。武昌城里就开始传言要"第三次革命"，目标是改革政治，推翻军民两府。6月末，黎元洪召开军事会议，直指同盟会会员王宪章、杨玉如危害都督，阴谋推翻政府。7月1日、2日，武昌城内戒严，黎元洪将王宪章、杨玉如、祝制六军职免除。同盟会会员祝制六、江光国、腾亚纲等秘密联络，组织"改良政治团"。17日，黎元洪调集近卫军将祝、江、腾三人分头拿获，经审讯，腾亚纲交代曾与张振武"在黄鹤楼组织第一宣讲所以鼓动人心为宗旨"。听到张振武之名，黎元洪惊出一身冷汗：军队上层如果出现问题，武昌乃至湖北甚至全国都将不保。黎元洪将祝制六等三人正法后，口中虽说"不欲深究"，但已经抱定主意要置张振武于死地。

黎元洪不动声色，派人劝说张振武回京就任总统府顾问一职。张振武本人胸无城府，考虑到湖北在黎元洪的戒严下，革命气氛已全无，于是应允再入北京。

黎元洪见张振武入京，于8月11日致电袁世凯，历数张振武罪状，请将其和从犯方维在京正法。袁世凯接到电报后，觉得事情重大，就发密电给黎元洪，询问前电是否为黎所发。得到黎元洪确认后，15日，北京陆军部发"军密"电通知黎元洪：张振武将在北京被正法。

此时的张振武尚蒙在鼓里。1912年8月15日晚10时，北京六国饭店灯火通明。湖北军政府军务部副部长张振武迈着踉跄的脚步从饭店大门走了出来，卫兵驾着张振武的专用马车也及时地停在在了门口。张振武与同行人告别后，坐上马车。马

六国饭店

车从东交民巷向西驶到中华门南侧，突然，一队荷枪实弹的军警不知从何处冲出，将张振武的马车包围。

为首军官问明张振武身份后，即命人将其捆缚。张振武随从卫兵欲反抗，遭到军警无情殴打。突遭变故，张振武顿时清醒，但一切已晚。众士兵将其解至西单牌楼玉皇阁军政执法处，时方维亦从金台馆解至。军政执法处处长陆建章宣读黎元洪电文后，将张、方枪毙。

张振武之死，引起一阵政治风波，大总统袁世凯和陆军总长段祺瑞等多次到参议院接受议员质问，有国民党议员提议弹劾黎元洪。各地反抗之声源源不绝，国民党领袖黄兴也因反对杀张，取消了北上入京的行程。不过，当时身在北京的孙中山却有不同的看法："张、方不得谓为无罪。但在鄂都督，似当就地捕拿，诛之于武昌，即不生此问题。假手于中央，未免自无肩膀。而民国草创时代，法律不完，中央政府即接电报，若无依据，以致惹起反对。吾谓中央政府当日应将张、方拿获，解去武昌为上策；否则，亦当依法审判。而中央政府又不在行，故吾谓鄂、京两方皆有不当处。"

湖北当地传来的却是支持黎元洪的声音。军界黎本唐等24人联名写信驳斥参议院对黎元洪的指责，再三强调开军法会议，依据鄂军暂行刑令第五十七条，全体议决宣告张振武死刑。湖北教育会、汉口商会等民间团体纷纷表态声援黎元洪。

黎元洪积极抚恤张家，以军政府名义给张振武之子进京路费2000元，并命军务司每月支付30元抚恤金，直到张子自立。张振武的追悼会在抱冰堂（现张之洞纪念馆）举行，黎亲往祭奠，并作挽联云："为国家缔造艰难，功首罪魁，后世自有定论；幸天地监临上下，私情公谊，此心毋负故人。"

袁世凯军法处死张振武，客观上帮了黎元洪大忙。通过武昌"二次革命"和张振武案，黎元洪内心开始疏远革命党，并向袁世凯靠近。袁世凯当然愿意看到这一幕，因为他也需要黎元洪在政治上的支持。不久，宋教仁案发生，黎元洪坚定地站到了袁世凯一边。

1913年3月20日夜10时21分，国民党领袖宋教仁在上海车站内，被人连开三

宋教仁 (1882—1913)

枪，重伤倒地。22日凌晨4时47分，宋教仁不治身亡。宋教仁生于1882年，字钝初，亦作遁初，号渔父，湖南省桃源县人。国民党创始人，民初政党内阁制的主要推动者。

宋教仁被杀，幕后黑手袁世凯也。虽然刺杀宋教仁的凶手武士英在狱中离奇死亡，但袁世凯仍然难脱干系。时论嚣嚣，袁世凯陷于舆论围剿之中，疲于招架。

5月9日，黎元洪致电谭延闿、李烈钧、柏文蔚、胡汉民四都督及黄兴，希望和平解决宋案。他认为："我辈惟有各守秩序，静候法庭、议院之解决，以免举国纷扰。如其尚有疑猜之黑幕，元洪不难联合各都督，全力担保永守共和之责任，以取信于国民，而息无量之愤忾。"然而随着局势的变化，黎元洪"和平解决"的主张也在变化。

黎元洪表态力助袁世凯。1913年5月下旬，黎元洪接受某国记者采访，当被问到是否同意国民党的观点时，黎元洪回答："余绝不表同意于彼党，因彼党近日举动甚谬，亦甚愚。如谓宋案与政府有关，此其谬也；又彼等绝无势力而欲推翻政府，此其愚也……余此时有军四镇，即第一、第二、第三、第六等镇。将来如不幸以宋案、借款酿成南北战争，余必力助袁总统。"

这是黎元洪第一次明确提出"武力助袁"，此消息对国民党来说宛如晴天霹雳。这意味着二次革命还未开始，在军事上的力量平衡已经被打破。

宋教仁在世时，国民党分为两派。这两派按地域分，是南方派和北方派。南方派的代表人物是孙中山、黄兴；北方派的代表人物是宋教仁。因宋教仁提倡政党内阁制，主张在法律框架内解决中国问题，故北方派也称法律派或稳健派。宋被暗杀后，南方派（亦称激进派）的二次革命思想成为国民党内主流。一次革命也就是辛亥革命的宗旨是种族革命，即推翻满清统治，这种宗旨容易引起国人共鸣。由于有人民的支持，这样的革命也容易成功。而二次革命的宗旨实际上就是反袁，这样的宗旨无论在高层官员还是普通百姓中，很难引起共鸣和同情。在各省都督中，黎元洪的军事实力和政治影响力最大，因此很自然地成为国民党争取的对象。然而张振武案时国民党南方派对黎元洪的弹劾和批判，无疑已经把黎推向了袁世凯的阵营。

黎若助袁，国民党将无胜算。当时的中国有京、汉、宁三个军事中心，"如据其二，或武昌保持中立，南北或可一战"。因本年将选举正式总统，国民党领袖人物黄兴先以选黎做总统为诱饵，希望以黎制袁。黎不应，并把相关情况悉数电报给袁。黄兴于是退而求其次，决定劝黎保持中立。

劝说是无用的。此时的黎元洪不再是革命前那个清军协统，而是经过一年多的战争洗礼、政治斗争、南北议和、外交斡旋，一心希望中国走向共和之路的军事和政治领袖。他早已认定革命事起，革命党消；坚信要走共和之路，必须要有稳定的社会环境，而不是继续革命。一年前，孙中山访问武昌受到黎元洪的热烈欢迎。

然而孙中山在武昌演讲二次革命,却引起武昌方面的不满。孙武四处散发传单,反对孙中山,反对二次革命。黎元洪也非常反对孙中山的言论,他对胡汉民说:"武汉之局,方忧摇动不安,先生(指孙中山)奈何言此?"可以看出,黎元洪、孙武等人虽为首义元勋,早已不支持二次革命观点。

国民党人在湖北的革命活动导致黎元洪决定与北洋结盟。一年多来,"振武会"煽动南湖马队倒黎事件;同志乞丐团与军国建设会之谋乱,使黎元洪每日战战兢兢、四处灭火、疲于应付。而最让黎元洪心惊的还是改进团事件。

改进团于1913年成立于湖北,由退伍军人和部分革命党人组成,张统(号白侠)为团长,以推翻黎元洪为都督的湖北革命军政府为宗旨,附从者众。在二次革命前,它组织过两次倒黎运动,其湖北领导人为第八师师长季雨霖等。1913年4

1912年,孙中山赴武昌访问,受到黎元洪热烈欢迎。

孙中山在武昌与黎元洪合影

李烈钧 (1882—1946)

月，季雨霖、詹大悲、武昌起义第一枪熊秉坤等即在湖北设立机关数十处，结合之军人、土匪、游勇共计有数万人，以季为都督，以詹为民政长，准备推翻黎元洪统治。后机关被破获，季雨霖等离鄂。《国报》直指此次倒黎运动为"黄兴造反"。6月底，改进团卷土重来。"宁调元、熊越山、季雨霖等先后来鄂，携带巨款，潜住租界，与詹大悲、钟仲衡、彭养光等分途运动"。这次运动同样以失败告终。改进团第一次倒黎后，黎元洪就请第六师师长李纯部进鄂，协助其镇压鄂军中革命势力，维护湖北稳定。李纯部进鄂，标志黎袁的军事合作正式开始。

7月12日，李烈钧在江西湖口宣布独立，自任为"江西讨袁军总司令"。二次革命正式开始。二次革命期间，黎元洪曾接受《大陆报》记者采访，在采访中，黎元洪清晰地阐述了自己的观点："此次叛徒起事，毫无充足之理由。所以起事者，不过为少数人欲壑，一己之欲壑耳。该党欲用叛徒之武力以改革政事，甚愚，且大逆不道。此次直接关系激成叛乱者，为孙文与黄兴二人也。自北京政府成立宣告共和后，孙、黄二人设种种之计策倾倒袁世凯矣，且孙、黄从未以诚心扶助袁世凯。"

仅以此段文字还不能说明黎对袁的真正态度。1913年5月，黎元洪在接受某外国报纸记者采访时，被问及如果袁世凯有非常之志（即称帝），黎会如何反应。黎元洪非常明确地回答："谓袁公有非常之志，余决不信。使袁公而果变其初志，则余彼时亦必不助彼矣。"不信袁有帝制自为的非常之志，黎元洪无疑是错了；不助袁非常之志，黎元洪以后确实做到了。此时的黎元洪相信袁世凯拥护共和，因此极力配合袁世凯实现共和。

1913年8月29日，袁世凯手书"民国柱石"四字匾额，赠与远在武昌的副总统黎元洪，用以表彰黎在二次革命等事件中对北京政府和袁本人的大力支持。袁世凯肯定黎元洪，说明袁黎结盟已进入蜜月期。由于这种结盟是以袁对黎军事实力的忌惮和黎对袁维护共和的信心为基础，所以，蜜月期注定短暂。

六 北上进京

1913年12月8日上午，一列专车缓缓驶进汉口刘家庙火车站。车站上第十六团全体士兵手持步枪，挺身肃立。汉口守备司令许兆龙迅速跑到车门边，举起右手敬标准军礼，神情紧张严肃。车门徐徐打开，北洋政府陆军总长段祺瑞一身中式冬装，快步走了出来。与许兆龙简单交谈后，即乘一辆停在月台上的马车，在大批卫队的护送下来到码头。随即坐渡船前往武昌副总统府休息。

段祺瑞为何来武昌？就连负责接待的许兆龙也是一头雾水。黎元洪只是对他说："段祺瑞总长不日来湖北，你接到我的电话后，即率全团官兵到刘家庙车站欢迎。"可以看出，黎元洪对段祺瑞何时来鄂是非常清楚的。

这是黎元洪和段祺瑞的第一次会面。寒暄过后，分宾主落座，双方举行正式会谈，参与会谈的只有湖北都督府参谋长金永炎。段祺瑞总长到鄂的消息很快传遍武昌城，各报记者蜂拥至副总统府门前探听第一手新闻。黎元洪无奈对外宣布，段总长此行是为"军民分治"事而来，记者们始散去，只有少数记者仍然坚守，不肯离开。

段祺瑞足不出户，在副总统府与黎元洪连续会谈两日。12月10日上午，黎元洪送段祺瑞出副总统府，并明确地告诉守在门前的记者们："段总长今日北归，吾将前往刘家庙送行，以尽地主之谊。"言罢，在大批卫兵的保护下，黎元洪与段祺瑞同乘一辆马车出发。

这天，守卫刘家庙车站的已经不是许兆龙的第十六团，而是换成了与段祺瑞同车抵鄂的北京士兵。黎、段乘坐的马车直接驶至专列车门前，两人先后登上专列。拱手告别后，段祺瑞下车，坐马车离开，返回湖北都督府。黎元洪则坐专列北上入京，陪在其身边的只有金永炎。

有读者会问，作者写错了吧，去北京的不应该是段祺瑞吗？其实，段祺瑞此次来鄂之前，北京湖北两方面早就进行多次密电沟通，就连今天火车站这场戏都是预先精心设计好的，它的剧情除"男一号"黎元洪、"男二号"段祺瑞知道外，"编剧"陈宦和"剧务"金永炎也非常清楚。

陈宦，湖北安陆人，1903年在云南任清新军第十九镇统制。武昌起义后投奔

段祺瑞（1865—1936）

黎元洪与参谋本部参谋次长、陆军中将陈宧合影

黎元洪戎装佩刀立像

黎元洪，俩人互相欣赏，成为莫逆。中华民国成立后，袁世凯任命黎元洪为参谋总长，但黎在武昌事务繁多，无法脱身，就请袁世凯任陈宧为参谋次长，常驻北京代表黎元洪处理参谋部事务。袁世凯从其请。陈宧到京后，深得袁赏识，受到重用。陈宧也因此成为袁、黎之间沟通的桥梁。

袁世凯早就有意请黎元洪入京，但黎总是以事务繁忙为借口，百般推脱。袁世凯请黎入京，实际上是想让北洋系控制湖北军队，进而将长江中游纳入怀中，威慑西南各省国民党势力。随着袁、黎之间感情升温，袁世凯再次请黎北上。

1913年10月6日、7日，经第一届国会选举，袁世凯和黎元洪分别当选中华民国大总统、副总统。袁世凯当天即致电黎元洪表示祝贺。祝贺之余，袁世凯邀请黎元洪"来京同时莅任"。对黎元洪来说，这是不可能完成的任务。首先是时间上不允许。因10月10日恰逢国庆二周年纪念日，袁世凯欲喜上加喜，遂定于是日举行总统就职礼。而袁世凯给黎元洪的贺电是7日发出的，也就是说，黎元洪最多有两天准备时间。其次是有喧宾夺主之嫌。总统就职典礼的主角是袁世凯，黎元洪以"首义都督"、"副总统"身份进京势必会抢袁世凯的风头。再次是湖北地方未靖。二次革命刚刚结束，白朗起义军频繁在湖北各地展开武装行动，黎元洪一时无法离开湖北。黎元洪于是婉拒了袁世凯的邀请。

其实，袁世凯此时并不急需黎元洪进京，他还需要黎元洪的配合来完成一件大事——解散国民党。此时的国民党，在袁世凯看来是眼中钉，在黎元洪眼里是肉中刺。两年来，张振武案、宋教仁案、二次革命运动种种风波，使国民党愈来愈成为袁、黎的心腹大患。而宪法草案的公布，遂成为袁、黎解散国民党的导火索。

1913年10月31日，宪法起草委员会通过宪法草案（即《天坛宪草》），此草案共11章，113条，"由国民党、进步党等妥协折衷而告成"。如果说二次革命是国民党的激进派准备武力推翻袁世凯的统治，那么宪法草案就是国民党的稳健派（或称法律派）欲以法律限制袁世凯的权力。袁世凯知道国民党在国会中势力强大，就提议派法制局局长施愚等八人出席宪法会议。实际上就是监视宪法起草委员会的工作。袁世凯的提议遭到宪法起草委员会的拒绝。袁世凯意识到必须清算国民党才能保住自己的权力，于是他通电各省军政长官反对宪法草案，称"起草委员会，国民党居多。草拟宪法，妨害国家，比较《临时约法》，弊害尤甚"。袁世凯发出进攻信号，黎元洪自然心领神会。

1913年11月1日，黎元洪发表《对于宪法草案意见会上大总统并致京内外各机关电》，针对前述有争议的四个条款，提出自己的观点：一、国会仅有弹劾权。不应采取同意制和不信任投票制；二、行政诉讼平政院。建议另设平政院专管行政诉讼；三、取消国会委员会。国会委员会以少数人专制多数人，剥夺了宪法赋予大总统的权力，使其无临机应付的余地，无存在必要；四、总统选任审计院。审计院的人选由大总统定夺，不应由议员组成。黎元洪在电文的最后说："总之，我国正式政府甫告成立，法律造端实为宪法，稍有不善，则民国前途非常危险，务望两院诸公，共体时艰，顾全大局，将宪法委员会所拟宪法草案详加讨论，重行厘定，务期与我国历史习惯，现时情势适合，以祛流弊，而巩邦基。"黎元洪认为《天坛宪草》需要推倒重来，与袁世凯遥相呼应。得到黎元洪的政治保证书，袁世凯迫不及待地决定解散国民党。

1913年11月5日，袁世凯连续下达三道命令，宣布解散国民党。三道命令一出，黎元洪立即致电响应。1913年11月19日的《政府公报》刊登了一则黎元洪与湖北民政长饶汉祥《致大总统暨国务院等电》，电称："大总统令一律解散，凡属省议会国民党议员及各县议会国民党议员，自不能听其把持，特予宽免。"解散国民党机关、驱逐国民党议员后，袁世凯无论在军事上还是政治上，都已取得控制权。现在，他需要把黎元洪调入北京了。于是他密令陈宦悉心策划，务必使副总统在年内入京。

陈宦接到袁世凯的任务后，即开始与黎元洪沟通。陈宦知道黎元洪向往美国的政治制度，一心想将中国建设成美国那样的国家。于是，陈宦对黎元洪说："美国的副总统与大总统共居一城，一旦大总统因故缺位，副总统可以即时承担大任。"黎元洪本以"共和"为理想，闻听此言，觉得自己责任重大，于是答应入京。不过，黎元洪为防止自己走后湖北发生意外，特意对外秘而不宣，让陈宦编写了这

黎元洪曾经居住过两年的瀛台

个剧本，甚至连自己的家人也未曾透露半句。

黎元洪坐在专列上，神情泰然，不时与参谋长金永炎拉些家常。此时，段祺瑞已经回到湖北都督府，以代理湖北都督名义召集驻武汉高级军官会议。直到这时，许兆龙始知"黎氏已往京"。

12月11日上午8时，黎元洪的专列停靠在北京西站（位于正阳门的京汉铁路终点站）。"总统府秘书梁士诒、参谋次长陈宧、交通部次长叶恭绰及总统府顾问王揖唐并国务总理熊希龄及全体国务员等"在车站恭候。袁世凯长子袁克定、总统府大礼官黄开文、侍从武官长荫昌亦在欢迎之列。袁世凯还特派自己乘坐的金漆朱轮双马车前往迎接，可谓礼遇有加。

袁世凯初见黎元洪，"握手言欢，状极执谦。黄陂固推诚待人者，见袁拳拳，信其为谦光盛德，遂晏然处之而不疑"。袁世凯安排瀛台为黎元洪私邸。南海瀛台，亭台楼阁，山光水色，实则慈禧太后软禁光绪皇帝之地也。不久，袁致电段祺瑞备专车送黎元洪眷属到京，并嘱咐手下按自己府上的生活标准，为黎家提供饮食、警卫等一切生活服务和保障。袁世凯此举表面上看似对黎元洪关照有加，实际上是将黎的身边都换成自己人，以便暗中监视。袁世凯还命各色人等前往黎处拜谒，"实皆受袁之唆使，以侦察其举动者，即纤悉之事必有所密告。黄陂向持镇静态度，寡言默坐，了无异人处。及久，"袁谓所亲曰：'此公仁让贤慈，吾极佩其人。'由是猜忌之心稍稍冰释，防范仍未懈也"。从此，黎元洪开始了两年类似"软禁"的瀛台生活。

客观地说，这种"软禁"是有一定自由度的。黎元洪在北京开会、聚餐、看戏、会友等等一切个人行动，都是自由的。但其行动范围仅限北京，如果出京，需要请示袁世凯。不过，这种"自由"的背后，有无数双眼睛在监视着黎元洪的一举一动，且随时向袁汇报。对黎元洪而言，这种监视就如芒刺在背。

袁世凯是浸淫政坛数十年的政治家，御下之术堪称炉火纯青。为打消黎元洪的不安和疑虑，袁世凯主动提出与黎结亲。美国《纽约时报》1913年12月16日刊登一则来自上海的新闻："今天有消息称袁世凯大总统的最小儿子不久将与刚抵京的黎元洪副总统的11岁女儿订婚。"虽然这则新闻与事实有些出入，但从中可以看出，黎袁结亲这件事情本身在国际上具有一定影响。

事实上，订婚的是袁九子袁克久与黎次女黎绍芳。黎元洪一家入住瀛台的第一个大年初五，袁世凯就请"汤化龙、阮忠枢、饶汉祥、孙武作伐求聘元洪幼女绍芳为其'庶出'之第九子克久妇。元洪知其意，许之"。袁克久，袁世凯第九子，1903年出生，时年11岁。黎绍芳，黎元洪次女，1906年出生，时年8岁。这种典型的政治联姻，在当时也是司空见惯的。谁知因为袁克久是庶出，黎夫人吴敬君大为不满。

那么，黎元洪为什么不指定个庶出的女儿许配给袁克久呢？

原因很简单，这个他真没有。黎元洪娶有一妻二妾，原配是吴敬君，第一个妾是陶姑娘；第二个妾是危文绣，也就是黎本危。陶姑娘与黎本危关系紧张，相处困难，遂负气自动离去。因此，黎元洪实际上是一妻一妾。黎本危未育，黎元洪与原

黎元洪与夫人

黎元洪与家人合影。从左至右：黎绍业、吴敬君、黎元洪、黎绍芳、黎绍基、黎绍芬。

配吴敬君前后生过八个子女，其中四人早夭。其他四人为长女黎绍芬、长子黎绍基、次女黎绍芳、次子黎绍业。

那么，袁世凯没有嫡出的儿子吗？袁世凯妻妾成群，儿女众多。共有十七子、十五女，可嫡出儿子只有袁克定一人，时年36矣。

黎夫人不满意这门亲事，就开始与黎元洪冷战。据黎绍芬回忆："我母坚决不愿意，他们多年的和睦夫妻，竟因此失和，一月之内互不理睬。"黎的秘书饶汉祥也劝黎元洪不要与袁联姻，以免上当。袁家来索八字合婚时，黎夫人闭口不谈，后来还是从黎元洪弟妹口中探听出来的。订婚仪式时，黎夫人甚至不想出来招待亲友宾客，后经众人一再劝解，才勉强出来应付。黎夫人对袁家送来的聘礼也不满意，认为"聘礼不重，翡翠、珍珠、钻石都没有"，借此发泄自己的不满。反对这桩婚姻的饶汉祥，也没来喝订婚酒。

黎元洪把女儿许配给袁家，他自己在袁家也找到一个忘年交——袁克文。袁克文，字豹岑，生于韩国首尔。据说，在克文出生前，袁世凯梦见韩王送其一只花斑豹，忽然挣脱锁链，直奔内室，所以袁世凯为其赐字：豹岑。袁克文是袁世凯三十二个子女中最具艺术修养的。他是昆曲名票、藏书大家，书法更是尽得硕儒严修的真传。然而袁克文与长兄克定的关系始终不睦。一天，兄弟二人再起争执，克定阴告于袁世凯。袁世凯听信其言，欲逐克文回彰德老家。克文母请黎元洪出面向袁世凯说情。黎见袁后，先夸奖克文博学多艺，并以忘年交的身份，直言不舍克文离开。经黎元洪的一番说辞，袁世凯还真给了面子，说道："既然你不想让他回老家，那就不让他去吧！"

黎、袁两家自此常走动，甚至常在一起共进晚餐。黎元洪五十整寿的时候，袁世凯非常重视，操办得极其隆重。不仅举办了盛大堂会，而且几乎全国省级长官都表祝

黎元洪书法作品"义为尚"

贺,可谓荣极一时。

　　说到唱堂会,有一事让黎元洪始终耿耿于怀。那次是袁世凯生日,《新安天会》一剧改编完成,黎元洪等前来为袁庆生并观剧。《新安天会》是由《安天会》改编的,原剧剧情是这样的:托塔天王李靖奉御旨至花果山水帘洞擒拿妖猴。天兵天将四面埋伏,并令二郎神杨戬为总先锋。一场鏖战,最后将妖猴擒拿,带领至天门请旨。而袁世凯主持改编的《新安天会》剧情却是以污蔑孙中山和黄兴为目的的。戏中孙悟空号称天运大圣仙府逸人,化为八字胡,两角上卷,俨然中山先生。猪八戒为黄风大王,肥步蹒跚,俨然黄兴。黎元洪坐在首排首座看戏,虽然对剧情有些反感,但又不好表现出来。这时,湖北都督上将军段芝贵走了过来,

　　问黎曰:“副总统,这戏唱得好么?”

　　黎答曰:“我完全不懂得,不知所唱何戏。”

　　段曰:“副总统不懂戏?台上化妆的人,应该认得。”

　　黎曰:“我耳聋眼瞎,教我如何看得见?”

　　其实黎元洪不仅懂京剧,而且酷爱之。京剧唱腔由徽调和汉调在北京融合而成,汉调,流行于湖北,所以很多当时的京剧名家都是湖北人,如谭鑫培、余叔岩。黎元洪任副总统后,常到北京城南游艺园看戏,尤其嗜好坤伶,力捧金少梅、碧云霞、琴雪芳。袁世凯女婿薛观澜说:“盖当时北京捧角之风甚炽,黄陂本是皮黄策源地,黎之好剧,天性使然也。”黎元洪以权宜之计避锋芒,实无奈也。

　　黎元洪深知“在人屋檐下,不得不低头”,但为搭救好友章太炎,他却多次“强出头”。章太炎(1869—1936),名炳麟,是民国时代重要政治人物,光复会会长、著名思想家、文学家、国学大师,同时也是鲁迅兄弟的老师。章太炎首次知道黎元洪的名字是通过报纸,“秋八月,武昌起兵。余时方与诸生讲学,晨起,阅日报得之,不遽信。及暮,阅报,所传皆同。一二日知鄂军都督为黎元洪”。当时章太炎正在日本讲学,看报纸得知武昌起义的爆发和黎元洪的名字。他首次与黎元洪见面是在1912年7月25日,地点是武昌。章太炎眼里的黎元洪,体幹肥硕,言辞简明,着粗夏布西装,性格刚毅。会谈之后,章太炎更是对黎元洪赞誉有加,不吝溢

章太炎 (1869—1936)

美之词。他说："以项城之雄略，黄陂之果毅，左提右挈，中国宜无灭亡之道。"总之，章太炎对黎元洪的第一印象非常好。之后，俩人开始了长达18年的友谊，直到1928年6月3日黎元洪病逝。

二次革命后，章太炎成为反袁斗士。他不仅发表文章公开谴责袁世凯，甚至不惜牺牲生命，毅然入京。谁知一入北京，他即被军警监视居住，行动失去自由。章太炎感到非常压抑。他不断尝试各种方法以结束这样的生活，甚至想过自杀。

黎元洪得知好友章太炎的境遇，决定为其在袁世凯面前缓颊。此时黎、袁虽已结亲，但黎知道，伴君如伴虎，尤其是为其最为痛恨的章太炎说情，稍有不慎，危险立至。不过，为了好友，黎元洪还是决定冒险一试。

这天，黎元洪来到袁世凯处。俩人东拉西扯几句后，黎元洪见袁心情不错，就说："章太炎是个文弱书生，还患有神经病，就是将其释放也无大碍。"袁世凯知道黎元洪来当说客，就说："大凡弄笔书生，成事则不足，败事则有余。彼挟其文字魔力，足以深入人之脑印。建设与破坏，悉视彼一言为转移，是文妖也。若纵而去之，隐患正无已时。所谓有神经病者，彼盖藉此以绐人耳。"黎元洪见劝说无

黎元洪赠章太炎"东南朴学"匾额

用，只得悻悻而归。不过，由于黎元洪的劝说，袁世凯也对章太炎放松了监管，甚至答应可以拨款为章太炎办"考文苑"。章太炎在袁世凯手里得以不死，黎元洪功不可没。

黎元洪还有一个难兄难弟，此刻也正在北京，也处于袁世凯的监视之下，他就是云南都督蔡锷。

七　捍卫共和

蔡锷 (1882—1916)，字松坡，湖南邵阳人。13岁应院试，得中秀才，16岁入读湖南时务学堂，师从梁启超。后赴日本，就读东京大同高等学校和横滨东亚商业学校，其间得以结识孙中山。光绪二十六年 (1900) 回国后，投笔从戎，1911年，任云南新军第十九镇第三十七协统领。武昌起义后，云南军政府成立，蔡锷被推举为都督。蔡、黎的友谊始于其时。

俩人第一次会面是在黎元洪到北京以后，具体时间已无从考证。在北京期间，俩人虽同为"困兽"，但由于公务关系，彼此能时常见面。1914年5月，陆海军大元帅统率办事处成立，黎、蔡同为办事员。"办事员"之名虽然听起来平常，但名列其中的有段祺瑞、王士珍、刘冠雄、荫昌、萨镇冰，都是北洋政府中军界最高层人物，可见地位之高。正是因为这种公务上的接触，黎、蔡二人也开始从相识到相知，演绎了一段以"捍卫共和"为主线的友谊。

5月26日，袁世凯任命黎元洪为参政院院长，汪大燮为副院长，蔡锷等人为参政。参政院是袁世凯的御用工具，是为代替立法院而设，其目的是为袁世凯改造《临时约法》服务。有人会问，黎元洪是捍卫共和的，为什么还要参加破坏共和的参政院呢？其实，黎元洪也是不得已而为之。据张国淦回忆："参政院院长，袁预定以黎担任。在未发表以前，黎与我商议，最好推辞不就。至时，袁派杨士琦接洽，黎一再力辞。袁早有计划的，在这个情状下也逃脱不了。发表后，黎就约我做秘书长，说：'本人既已牺牲，我们一同牺牲。'"

黎元洪虽然违心地担任参政院院长一职，但在袁世凯帝制自为喧嚣炽热之际，想的却是借助外国势力逃出北京，反对帝制。黎元洪的出逃计划全赖秘书郭泰祺安排。郭泰祺 (1888—1952)，号复初，湖北广济人。美国宾夕法尼亚大学毕业，黎元洪英文秘书、官至中华民国外交部部长 (1941年)。郭泰祺经人介绍认识了即将回国的日本驻华参赞小幡酉吉，郭试探着向他暗示黎元洪要离开北京，请其帮忙，小幡应之。恰遇美国驻东交民巷的三百人军队换防，小幡决定利用此机会，遂求助美国驻华公使芮恩施。

芮氏答应只要日人可以将黎送上美国部队换防专车，就能将其安全护送至美

蔡锷 (1882—1916)

参政院院长黎元洪

参政院·副院长汪大燮

参政院院长黎元洪、副院长汪大燮

郭泰祺 (1889—1952)，曾任黎元洪英文秘书。

国公使馆。郭于是与小幡密定出逃计划。该计划分三步：第一步：凿墙入室。黎的副官刘钟秀家与黎东厂胡同宅仅一墙之隔，秘密打通后，黎潜入刘宅内，从那里逃走。第二步：金蝉脱壳。小幡嘱日本东方通信社驻京社长井上一叶驾驶同仁医院的救护车，驶到刘宅，以抢救刘的名义，接黎上救护车，然后井上把救护车开到美国使馆。第三步：乘船南下。黎由小幡陪同乘美军换防车到天津，由天津乘船南下。

后此计划不幸泄露，袁派军警包围东厂胡同，黎的出逃计划终告失败。黎的计划是如何泄露的呢？此事与黎的姨太太黎本危有关。

黎本危与外交部特派湖北交涉员胡朝栋之妻，关系极好，为手帕姐妹。所谓手帕姐妹，是指妓女间的结拜。胡朝栋与袁克定关系密切，克定知道胡妻常去黎府，就重金收买胡妻，让其送价值二万元的珍珠给黎本危。当出逃计划确定后，黎本危暗地里告知胡朝栋之妻。袁克定获悉后，命步军统领江朝宗率500士兵，将黎宅包围。郭泰祺急往东厂胡同，询问黎元洪是否对二太太及胡朝栋说出了密谋诸

东厂胡同黎宅今貌

人的姓名，黎曰："我可对天地父母发誓，未说过出走计划，亦未提尔等一人名字。只言意愿离京耳，包你们狗头不会落地。我是副总统，叫我易服钻洞，岂不失了体统？你若害怕，变只白鹤，飞回武昌黄鹤楼可也。"黎元洪出逃的计划就这样流产了。

黎元洪的出逃计划失败了，可蔡锷却如愿离京，回到云南举起反袁大旗。蔡锷离京前，以听堂会为名，来到黎元洪位于东厂胡同的府第。黎元洪的瀛台生活直到1915年10月为止。因黎元洪夫人患病，不适应瀛台潮湿环境，黎向袁提出搬家要求。袁世凯不得已，花费10万银元为黎在东厂胡同购置了一处房产。这所房产本是清军机大臣荣禄的故第，由其子良揆转让。该房产共有房屋410间，其面积之大，常人难以想见。

黎元洪在家经常举办堂会，一则为消遣，打发无聊时光；二则为向袁世凯显示自己胸无大志，让其放松对自己的警惕。堂会间隙，蔡锷将黎元洪拉到一旁，探询其对袁的态度。得知黎反对袁后，蔡大喜，告黎四十日后有好消息传来。蔡锷出京后，先到天津，后经日本由越南，于1915年12月19日辗转回到云南。25日，

洪宪元年历书

唐继尧、蔡锷等通电全国，云南独立。护国战争爆发。黎元洪在北京得到消息，不禁赞曰："松坡不愧豪杰也！"

不过，留在北京的黎元洪也是硬骨头，在袁世凯称帝后，他一反隐忍常态，竟然公开抵制洪宪帝制。

1915年12月16日，《政府公报》刊登一则大总统策令："黎元洪著册封武义亲王，带砺河山，与同休戚，嘉名茂典，王其敬承。"事实上，册封是在15日上午进行的。册封令发布前即14日夜，黎元洪召集左右亲信到东厂胡同宅邸，大家于东花厅落座，商讨是否接受册封事，张国淦、饶汉祥等与

会。会上，众人七嘴八舌，有赞成的，有反对的，最后黎元洪说："你们不要多说，我志已定，决不接受，即牺牲个人亦所不惜。"

15日晨8时30分，国务卿陆徵祥率文武百官来到东厂胡同，为黎元洪贺封。黎元洪身着便装出见。黎元洪未请陆徵祥入见即有拒封之意，便装出见则更显抵制之心。其实，袁世凯及其手下对册封黎元洪为武义亲王一事是非常重视的。事前，袁世凯派永增军衣庄成衣匠为黎元洪量身制作武义亲王服，元洪坚辞不受。袁世凯知黎元洪与次子袁克文素契，命克文送"武义亲王"金字匾到黎宅道喜。黎不忍拒绝袁克文，就表面接受。待袁克文走后，命人将该匾弃于马厩内。

陆徵祥见黎元洪出，马上施礼，并说了一套祝贺的官话。黎元洪正色道："大总统以鄙人有辛亥武昌首义之勋，故优予褒封，然辛亥革命起义，乃全国人民公意，乃无数革命志士流血奋斗，与大总统支持而成。我个人不过滥竽其间，因人成事，决无功绩可言，断不敢冒领崇封，致生无以对国民，死无以对先烈。各位致贺，实愧不敢当。"说完，转身回府，命卫兵将大门紧闭。

袁世凯见黎元洪拒封，也不好对其强硬，就命左右另想他策。有人献计，将一封正面写有"黎元洪"，背面写有"送武义亲王府"的政事堂专函递入东厂胡同黎宅，如果黎元洪拆阅，即为事实上接受册封。袁世凯许之。黎元洪手下未经细查，就将此函剪开。黎元洪发现后大怒，命人将此函退还。

一计不成，袁世凯又出一计。他命内务府择地修建武义亲王府，派人请黎迁入，黎元洪严辞拒绝。袁世凯心腹、步军统领江朝宗献计曰："可以再发一份册封令，某愿亲往劝说。"于是，政事堂于19日第二次发布"武义亲王册封令"。

第二天一早，江朝宗手捧册封令来到东厂胡同。黎与江有私交，故请其入内。江朝宗一入黎宅会议厅，立行三跪九叩之礼，长跪不起，请黎元洪接封。黎元洪大怒，冲江朝宗大声呵斥道："江朝宗，你如此不要脸，快快滚出去。"江朝宗不理，仍跪呼"请武义亲王接封"。黎元洪叱令左右将江朝宗拖出门外，自己转身回到内宅，不再理会。江朝宗此举也以失败告终。后来江朝宗受命将武义亲王月俸3万元送到东厂胡同，黎元洪闭门不纳，朝宗再次无功而返。

江朝宗 (1861—1943)

袁世凯见软的不行，就决定逼迫黎元洪就范。元洪誓曰："辛亥创义，已碻军民无算。非为一人求官禄也，诸君如相逼，惟有触柱死矣！"袁世凯知道黎元洪心意已决，就不再提武义亲王的事了。

　　很快，洪宪帝制失败，袁世凯也病入膏肓。1916年6月4日，袁世凯自知命不能久，于是召黎元洪、徐世昌入新华宫，安排后事。袁世凯见黎、徐二人入，拉住二人之手，哽咽地说"我死后，国事宋卿主之；家事菊老主之。"宋卿是黎元洪的字。徐世昌，号菊人，袁世凯尊称其"菊老"。

　　此时袁世凯已经病重，安排后事是可以理解的。但黎元洪拒绝了他。黎说："我在癸丑革命时，极力拥护他，曾替他作十二分担保，结果如是，我不能一再受他欺骗。"黎元洪说得没错，他竭力维持共和，而袁世凯却与其虚与委蛇，暗中操纵帝制自为。如果说共和制是黎元洪的政治底线的话，那么袁世凯已经肆无忌惮地将其突破和蹂躏。袁世凯在这种情况下想挽回黎元洪，已堪比登天。

　　6月5日，略感清醒的袁世凯命长子袁克定请徐世昌、段祺瑞、王士珍、张镇芳四人来总统府。袁世凯对徐说："菊人来得正好，我已经是不中用的人了。"徐回答："总统不必心急，静养几天自然会好的。总统有话，早点安排出来也好。"袁嘴唇微微颤动了一下，吐出"约法"两个字来。徐、段二人正要动问，守在病榻前的袁克定急忙代袁回答说："金匮石室。"什么是金匮石室呢？

　　金匮，是存放先总统遗嘱即嘉禾金简的保险箱；石室，是石头房子。保险箱藏于石头房子内。金匮石室制度是仿清秘密建储制而设计的。清代秘密建储始于雍正皇帝。雍正元年（1723），雍正皇帝即秘密建储，将秘匣藏于乾清宫"正大光明"匾额之后。石室在哪里呢？它位于中南海居仁堂右侧，"过丰泽园转卐字廊小阜上。室建四方形全叠青白石门，用混金锁键坚牢，门扇单制"。《新华秘记》说得更详细："室以天池白石为廊，上下不施栋宇，四周咸以石灰浆等胶固，一面置铁门，下管键焉。"金匮就置于石室正中。

　　金匮是什么样子呢？所谓金匮，实是精铜打造，外表镀金。"凡高二尺五寸，长三尺五寸，厚五寸，外有扃钥，四围可以启闭，中附以纯金质之秘椟"。嘉禾金简即藏于此楼中。

　　按照袁世凯一手炮制的新《大总统选举法》中关于"总统继承人"的规定："总统继承人应由现任大总统推荐于选举会，其名额以三名为限。被推荐者的姓名，由现任大总统在选期前预先于嘉禾金简上，钤盖国玺，然后藏之'金匮石室'。临选时，始行取出，交付选举会进行选举，人们只能照单选举。"

　　自从设立金匮石室，人们就想知道藏在里面的嘉禾金简的内容。究竟是哪三位会享有继承殊荣？当然，人们也知道，只有满足一个条件才能开启石室：大总统缺位。

　　6月6日，袁世凯薨逝。袁世凯一死，北洋政府首先要选出新的大总统继任，同时，金匮石室也可以依法打开。那么谁将继任大总统？嘉禾金简的三位被推荐人都是谁呢？

八　继任总统

"国不可一日无君",中华民国也不能一日无总统。袁世凯已死,谁来继任大总统呢? 6月6日凌晨,段祺瑞、徐世昌匆匆来到新华宫内的春藕斋密谈。徐世昌是与袁世凯相识相知一生的朋友,也是袁世凯洪宪帝制时第二任国务卿。帝制失败后,徐世昌辞职,段祺瑞任国务总理。徐、段俩人与袁世凯有几十年的交情,又都是北洋系的实权人物,所以他们的谈话非常重要。

　　徐世昌说:"最好请黎元洪出来做总统,他的声望可以调和南北,有利于国家统一。"

　　见段祺瑞没有说话,徐世昌又补充道:"这是我个人的意见,大主意还是要看总理的。"

　　平素就少言寡语的段祺瑞听完徐世昌的话后,还是没有说话,等了二三分钟后,段祺瑞抬起头,对徐世昌说:"相国这样说,就这样办吧。"徐世昌在清末官至内阁协理大臣、体仁阁大学士,地位相当于古代的"宰相"。宰相也称丞相、相国,故北洋人尊称其"相国"。黎元洪就这样在徐相国的推荐和段祺瑞国务总理的同意和认可下,得以继任大总统。

　　有人会问,民国不是有《中华民国约法》吗? 他们二人怎么有权力把大总统选出来呢? 首先,上述对话不是笔者随意编造的,而是根据时任段祺瑞内阁教育总长张国淦的回忆所写。其次,两人推举黎元洪,并没有违背上述法律。《中华民国约法》也称《袁氏约法》,其第二十九条规定:大总统因故去职或不能视事时,副总统代行其职权。

　　段祺瑞决定大总统人选后,即命副官电召所有在京内阁成员立即赶到春藕斋。张国淦赶到春藕斋时,看看怀表,正好凌晨5时。段祺瑞见张国淦到,便站起身来,说:"乾若,我们一起去见副总统。"乾若是张国淦的字。同时,段祺瑞命令副官通知副总统府,国务总理有要事即刻前去拜访。

　　黎、段之间平素仅有工作交往,私下往来很少。段祺瑞知道张国淦与黎元洪交往多年,关系非常好,故邀张国淦同去,以期利用张与黎之间的良好关系,打破自己与黎谈话时有可能出现的尴尬局面。

徐世昌 (1855—1939)

张国淦 (1876—1959)

黎元洪在办公室内留影

1916年6月，黎元洪继任大总统。

黎元洪接到从新华宫打来的电话后，知道一定有大事发生，于是穿戴整齐，端坐在自己的办公室——东厂胡同黎府东华厅内长桌西首。段祺瑞和张国淦进入东华厅向黎元洪鞠躬后，就分别坐在长桌南北两头。东华厅内，只有这三位民国高官，却都缄口不言。半个钟头过去后，段祺瑞突然站了起来，说："乾若，你今天不要到国务院去，黎总统这里没有人，你就在这里帮忙吧！"不善言辞的段祺瑞，说出了一句一语双关的话。这句话表达了两层意思，一是袁世凯已死；二是已经承认黎元洪为继任大总统。请注意，段祺瑞在黎元洪的面前只说"黎总统"，其实这里面大有学问，我们稍后再说。

　　能够继任大总统，黎元洪自然非常高兴。但一个多小时后，北京的形势变得紧张起来。上午9时，听到消息的北洋职业军人身穿军服、腰挎军刀，蜂拥至府学胡同段祺瑞办公室，反对黎元洪作大总统，要求段祺瑞拥护徐世昌出来主持大局。黎元洪得知此事后，非常焦急，就嘱咐张国淦到段祺瑞那里问明情况。

　　张国淦费了很大力气才找到全副武装的段祺瑞。段问张："你来这里做什么？"张回答："黎总统听到外面一些事情，让我来问问。"段说："我既然请副总统出来，这就是我的事了，他不要管，如果他怕的话，就请他来管吧！"段确实说到做到，6月7日晨3时，这些军人都被劝散了。

　　其实，除劝退军人外，段祺瑞6日当天还做了两件大事。第一件是会见英、法、俄、比、意、日六国公使，告知各国，副总统黎元洪将依法代行大总统职权。第二件是以国务院的名义通电全国，电文曰："袁大总统于本月六日巳正因病薨逝，业经遗令依约法第二十九条，宣告以副总统黎元洪代行中华民国大总统之职权。各省地方紧要，务望以国家为重，共维秩序，力保治安，是为至要。"段祺瑞以实际行动，在军事上、外交上、政治上支持黎元洪任大总统，可以看出，他扶植黎元洪之心是真诚的。但段祺瑞在通电中所说的"代行中华民国大总统之职权"，却是他在黎元洪府上没有说出的，这就是笔者前面所说的"大有学问"之事，我们稍后详说。

　　至此，黎元洪继任大总统的准备工作就绪。事前有人建议黎元洪隆重办理大总统就职仪式,黎元洪回答说:"国家正多事之秋,且财政颇形支绌,胡必以有用金钱掷之虚牝哉?"6月7日,黎元洪向全国发出通电,宣布正式继任中华民国大总统。上午10时,黎元洪的大总统就职仪式在东厂胡同黎府东花厅举行(因袁世凯丧事未完,故黎未迁入新华宫),出席者仅有国务总理段祺瑞和内阁总长们。除临时悬挂几面五色旗外,厅内布置一如平时,北洋军乐队敬候在庭院中。10时10分,黎元洪在亲信、副官的簇拥下准时来到东花厅正中央。军乐队奏乐,黎元洪向两旁站立的阁员们鞠躬,众阁员亦还礼。礼毕,黎元洪发表就职宣言:"现在时局艰难,补救之方,以遵守法律为主。元洪谨本前大总统救国救民之意,继任职务。嗣后一切设施,自应谨遵法律办理。惟元洪武人,法律知识较浅,尚望诸公同心协力,匡我不逮,无任感盼。"段祺瑞即席致答辞,表示:"谨遵大总统训示,竭力办理。"就职典礼结束。

细心的读者一定会产生疑问,黎元洪已经就职大总统,怎么没见开启金匮石室呢?这事和袁世凯的临终遗嘱关系甚大。

袁世凯临终之际仅提"约法"二字,正是要段、徐等北洋势力扶助黎元洪继任总统,因为《中华民国约法》明确规定副总统代行大总统之权。也许有人会有疑问,段、徐不想当总统吗?我们不得而知。但段、徐任何一人做总统,即使他们能和谐共处,维持北洋内部各种势力的平衡,但对正在进行"护国运动"的南方,他们却都无计可施。此时,能让南方重回民国的政治人物只有黎元洪一人,同时黎元洪也是最让段、徐等北洋派放心的一人。段、徐既然决定黎为总统,藏在金匮里的嘉禾金简就成了一件毫无意义的摆设。而身为总统的黎也就有了开启金匮石室的特权。

6月9日,在秘书黎澍陪同下,黎元洪前往石室准备开启金匮。三海指挥官徐邦杰负责掌管石室钥匙,亦随往。据在现场的黎澍回忆:"徐邦杰献钥于总统,总统亲手折去封条,开锁启门。徐邦杰再献匮钥,总统折去封条,开键启匮。再启匮中金函,取出黄绫面线装书一册。总统令随行人等,一概退立门首,自展册阅之。阅毕合卷,纳册衣中,闭室回府。随行人等,皆不知书中所言何事、所题何人,只知

北洋军乐队早期图片, 有的士兵尚未剪辫。

袁世凯灵柩运往彰德

彰德袁世凯墓地

为大总统继承人而已。予（黎澍）移至春藕斋，一日陪黎闲话，黎无意中说出金匮石室所藏：黎为第一人；徐世昌为第二人；段祺瑞为第三人。"当时，黎元洪长女黎绍芬年少好奇，亦尾随其父身后，"见取出一红色硬纸卷，即匆匆走回我母房中。我看到白底黑字，第一名是黎元洪。我说：'第一个名字是您，当然是您应该做大总统！'我父说：'副总统当然继任大总统。'"

黎元洪就任大总统的当天，发布大总统令，命国葬袁世凯，曰："民国肇兴，由于辛亥之役。前大总统赞成共和，奠定大局，苦心擘画，昕夕勤劳。天不假年，遘疾长逝。追怀首绩，薄海同悲。本大总统患难周旋，尤深怆痛。所有丧葬典礼，应由国务院转饬办理人员参酌中外典章，详加拟议，务极优隆，用副国家崇德报功之至意。"

黎元洪说的"崇德报功"，实际也是借以向世人宣扬自己的政治资本。黎元洪虽然不耻袁帝制自为，但袁翊赞共和，使民国得以肇兴，这是袁对民国的"德"与"功"。而黎元洪以"首义都督"称誉民国，其"德"与"功"亦在赞成共和。黎与袁的合作，自共和始，至帝制结束。如果否定袁的共和之"功"，那么黎的"功"安在？同时，通过办理袁世凯葬礼，也能够向世人证明黎任总统的合法性。

6月28日，袁世凯追悼仪式在怀仁堂举行，黎元洪总统亲诣灵堂。英、美、俄、日、奥、法等13国公使及使馆官员，亦准时列队参加追悼仪式。礼毕，黎元洪从怀仁堂出，往新华门稍事休息。灵柩由宝光门出，循中海西岸，经仁曜门、丰泽园门前，循南海西岸往新华门。黎元洪立于新华门左侧，向灵柩一鞠躬。礼毕，黎元洪率先返回东厂胡同。灵柩出新华门，左行向东，经金水桥，往火车站方向而去，将运往彰德墓地安葬。

在办理袁世凯大丧期间，黎元洪的工作并不轻松。就在黎元洪宣誓就任的当天，两广护国军都参谋梁启超致电黎元洪，称："我公继任，根于约法上严正之程序，早经南省敬谨宣言，今当危疑之时，恳即日就职，昭告中外，以定民志，更与段芝老（段祺瑞，字芝泉）戮力保持中央秩序，克期召集国会，妥筹善后，国家幸甚。"

梁启超 (1873—1929)

　　梁启超电文中的"约法"与段祺瑞国务院通电中的"约法"是两部法律，前者是《中华民国临时约法》，也称《临时约法》；后者是《中华民国约法》，也称《袁氏约法》。两部法律虽然都规定"大总统缺位时，副总统任大总统"，但前者规定"副总统继任大总统"；后者规定"副总统代行大总统职权，且要在三日后根据嘉禾金简上的三位候选人选举大总统"。袁世凯解散国民党，关闭国会，撕毁《临时约法》，帝制自为，逼得孙中山在南方先后举起护法、护国大旗，以维护共和。在南方护国军看来，《袁氏约法》为非法，黎元洪任大总统自然不能以其为依据，所以梁启超在电报中使用"继任"二字，意即要黎恢复《临时约法》。

　　现在，读者应该理解段祺瑞在黎元洪面前只说"黎总统"，在国务院通电里用"代行大总统"的苦衷吧。但当时《临时约法》已废，《袁氏约法》是唯一合法的"宪法"，段祺瑞只能以其为依据。要知道，段祺瑞虽是北洋系，但却是袁氏帝制自为的反对者，而且有"三造共和"之功，内心并不反对恢复《临时约法》。不过，段祺瑞提出"不可以命令废法"。这样就使南北双方在恢复《临时约法》问题上出现僵局。

1916年8月1日国会
开幕，黎元洪、段
祺瑞与会。

6月25日，海军上将李鼎新在上海宣布海军独立。消息一出，段祺瑞妥协。袁世凯葬礼次日，即6月29日，黎元洪发表"大总统申令"，宣布恢复《临时约法》。同日，黎元洪还发布"大总统申令"，宣布"重新召开国会"。

8月1日，开幕典礼举行，到会参议员138人、众议员318人，大会主席为参议院议长王家襄。黎元洪总统偕段祺瑞国务总理及内阁全体成员出席。黎元洪依照民国二年(1913)《大总统选举法》第四条规定，宣誓就职。至此，黎元洪继任大总统的法律程序履行完毕。《临时约法》恢复之际，惩办帝制祸首的工作也在进行。

当时，国人痛恨帝制，纷纷要求黎元洪惩办帝制祸首。谁是帝制祸首呢？湖南人贺振雄认为是筹安六君子杨度、孙毓筠、严复、刘师培、李燮和、胡瑛。云南方面认为是朱启钤、段芝贵、周自齐、梁士诒、张镇芳、雷震春、袁乃宽七凶。"六君子"加上"七凶"也称"十三太保"。名单出炉后，马上有人向黎元洪求情。"首先袁克定由彰德打来急电为雷震春、张镇芳乞情，这两个人就从名单中剔出了；随后冯国璋为段芝贵乞情，李经羲又力保严复、刘师培是'当代不可多得的人才'，名单中又剔出了这三个人；又有人说李燮和、胡瑛都是老同盟会会员，为了对国民党表

黎元洪着军礼服照，勋一位章（上）、一等大绶宝光勋章（下左）、一等文虎勋章（下右）

护国军首脑在肇庆合影

1916年10月10日，中华民国成立五周年
国庆黎元洪骑马阅兵。

1916年10月1日，中华民国国庆五周年阅兵步兵分列式

杨度1913年参加冬至祭天仪式时，在北京天坛留影。

示善意，通缉祸首的名单中不宜罗列与国民党有关的人物，因此这两个国民党变节分子也可逍遥法外了；袁乃宽因与袁世凯有同族之谊，段也把他的名字剔出了"。现在，名单中只剩杨度、孙毓筠、梁士诒、朱启钤、周自齐五人。不久，又补顾鳌、夏寿田、薛大可三人入名单中。7月14日，黎元洪发布大总统申令，令曰："自变更国体之议起，全国扰攘几陷沦亡，始祸诸人，实尸其咎。杨度、孙毓筠、顾鳌、梁士诒、夏寿田、朱启钤、周自齐、薛大可均著拿交法庭，详确讯鞫，严行惩办，为后世戒。其余一概宽免。此令。"

其实，列入名单的祸首，政府也无意惩办。北京政府方面，在惩办令发表前，就"预先示意榜上有名的人赶快离开北京，因此，杨度、孙毓筠、梁士诒等从容不迫地由北京搬到天津。这批人有的由天津南下到上海、香港一带，有的则被张勋召往徐州礼为上宾"。北京政府采取"通而不缉"的办法，八个帝制祸首全部逍遥法外，没有抓到一个。

帝制祸首惩办令发表的当天，南方军务院也同时宣布撤销。南方军务院唐继尧、岑春煊、梁启超、刘显世、陆荣廷、陈炳焜、吕公望、蔡锷、李烈钧、戴戡、李鼎新、罗佩金、刘存厚联名通电全国，谓："今约法国会次第恢复，大总统依法继任，与独立各省最初之宣言适相符合。"并宣布取消军务院："其抚军及政务委员长、外交专使、军事代表，均一并解除，国家一切政务，静听元首、政府、国会主持。"随着南方军务院的撤销，南北统一完成。

南北统一的完成，使黎元洪的大总统地位更加巩固。1916年10月10日，正逢中华民国成立五周年，黎元洪决定在北京南苑举行阅兵仪式，以壮国威。此次阅兵，规模盛大，参加阅兵仪式的有北洋步兵、炮兵，还有南苑航空学校的航空队

阅兵中的黎元洪

前来观礼的外国武官

明信片上的黎元洪、孙中山、黄兴

三架飞机进行飞行表演。上午11时，黎元洪身穿大元帅礼服乘汽车从新华宫前往南苑兵营。到阅兵场休息片刻后，即跨上战马，骑马进入南苑兵营观看分列式，陪同检阅人员包括段祺瑞、王士珍在内共千余人，还有各国驻华武官也来参观阅兵大典。国庆阅兵仪式从下午1时20分开始，至2时结束。阅兵仪式结束后，黎元洪返回总统府。

正当中国政治开始走向正轨之际，噩耗却不断传来。1916年10月31日，黄兴病逝于上海。11月2日，黎元洪发布大总统令，命妥善办理黄兴丧事。不料，黄兴逝世九天后，蔡锷在日本福冈亦走到生命的尽头。黄兴、蔡锷均是两造共和的伟人，他们的革命生涯与黎元洪渊源颇深。一造共和时，黎元洪武昌首义，蔡锷云南响应，黄兴亲身督战汉阳；二造共和时，蔡锷在云南举兵反袁，黄兴赴美国为护国军筹款，并均拥护黎元洪任大总统。

蔡锷去世的消息，第一时间传到大总统府。当时，黎元洪正与陕西省省长李根源谈话，秘书把电报呈给黎元洪。据李根源回忆："黄陂阅未毕，泪下如注。余与

1916年蔡锷赴日养疴期间，与夫人潘蕙英、公子蔡端在一起。

松坡（蔡锷）久经患难，感念畴昔，泪亦涔涔然下，岂仅为天下恸哉。"由于与蔡锷感情深厚，黎元洪破天荒地在一个月内连发三份大总统令追悼蔡锷。

11月10日，黎元洪发布第一份大总统令追忆蔡锷将军，嘱妥办后事，令曰："勋一位上将衔陆军中将蔡锷，才略冠时，志气宏毅。年来奔走军旅，维护共和，厥功尤伟。前在四川督军任内，以积劳致疾，请假赴日本就医，方期调理可痊，长资倚畀。遽闻溘逝，震悼殊深，所有身后一切事宜，即著驻日公使章宗祥遴派专员妥为照料，给银二万元治丧，俟灵榇回国之日，另行派员致祭，并交国务院从优议恤，以示笃念殊勋之至意。此令。"

11月28日，黎元洪为蔡锷事发布第二份大总统令，追赠蔡锷为陆军上将。

12月4日，黎元洪得知蔡锷灵榇将到沪，发布第三份大总统令，令曰："勋一位赠陆军上将、前四川督军蔡锷在日本福冈病故，当经专派袁华选赴日照料。兹据电称该故督灵榇于本月二日上船回国，五日到沪等语。该故督功在国家，宜隆飨食，灵榇到沪，著派淞沪护军使杨善德前往致祭，以示优崇。此令。"这里需要特别说明的是，蔡锷灵榇是黎元洪派海军第一舰队的"海容"号巡洋舰专程赴日接回的。

经过三次葬礼，黎元洪开始考虑建立国葬制度。12月14日下午，参议院常会上，讨论了黎元洪提出的《国葬法案》。12月19日，中国第一部《国葬法》颁布施行。

12月22日，黎元洪再发大总统令，曰："国会议决，故勋一位陆军上将黄兴与蔡锷，应予举行国葬典礼，著内务部查照《国葬法》办理。此令。"24日，黎元洪令内务部拟定《国葬修建专墓事宜及致祭礼节》，进一步完善国葬制度。《国葬法》制定后，蔡锷成为中华民国依《国葬法》进行国葬的第一人，黄兴为第二人。

黎元洪在第一次大总统任内建立中华民国国葬制度，是其完善国家行政制度的一个主要政绩。不过，黎元洪的第一任大总统生涯除成绩外，也有遗憾，最大的遗憾即是与段祺瑞之间的"府院之争"。

九 府院之争

段祺瑞有个亲信名叫徐树铮，是安徽萧县人，与段同为安徽老乡，颇受段信任，其地位"俨然总理第二"。段祺瑞想任命他为国务院秘书长，就报到了黎元洪那里。谁知黎元洪一见徐的名字，竟然强烈反对，甚至说出"总统可以不做，徐树铮绝对不能与他共事"的狠话。俩人之间究竟有何过节呢？

原来徐树铮曾经强迫黎元洪列名某次通电，黎不同意，徐声色俱厉，种种威胁，让黎元洪异常气愤，从此对其非常痛恨。后来还是徐世昌出面，黎元洪才勉强答应批准徐树铮的任命。府院之间本来可以多维持几日平静，谁知来了个孙洪伊，立刻让府院之间形同陌路。

孙洪伊（1870—1936），字伯兰，天津人。1912年加入国民党任评议员，韬园派领袖。韬园派，也称"小孙派"，是国民党内的小集团，因常在北京韬园开会，发表政见而得名。孙洪伊任段内阁内务总长后，挟黎自重，不可一世。徐、孙二人皆人中龙凤，个性鲜明、政见迥异，遂于公务交往中，摩擦不断。"院中公牍送府用印者，孙洪伊辄指摘之或加以删改，由是孙徐不能相能，日以争执意气为事"。

后孙洪伊因中国银行债券事中饱私囊，被徐树铮揭发，导致段祺瑞决心去孙。黎元洪反对。黎、段遂请徐世昌入京调停府院冲突。徐世昌提出免孙职、徐树铮辞职的办法来解决府院之争。黎、段认可这种方法，孙去职离京，徐树铮辞职后，仍任段幕僚。府院之争看似解决，实则更大的危机还在后面。这个危机就是中国政府对德外交问题，我们也可以把它看作是府院之争的高潮。

黎元洪第一任大总统期间，正值第一次世界大战爆发。1917年1月31日，德国驻美大使向美政府宣布无限制潜艇政策，声明"自二月一日起，实行潜艇封锁，美国现在停泊英法之商船，限五日内离欧……如擅进封锁区域遇险，与德国无涉"。消息一出，美国震动。两天后，美国宣布与德国断交。美国希望中国与其联合行动，就命驻华公使芮恩施前往劝说大总统黎元洪。

2月4日晚，芮恩施来到新华宫面见黎元洪。听完芮恩施的来意，黎元洪感到有些吃惊。沉思了一会儿，黎元洪问芮恩施："协约国即便在美国的援助下能赢得决定性的胜利吗？"黎元洪的问题还是很有智慧的，他的言外之意是，如果不能取得

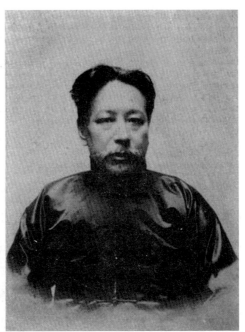

徐树铮 (1880—1925)　　　　　　　孙洪伊 (1870—1936)

决定性的胜利，中国放弃中立国的立场未免草率。芮恩施没有也无法给予黎元洪承诺，他换了一个角度说："为了正义事业和友好的伙伴而采取的在国际方面的主张这种积极的行动对中国可能产生的影响，即可以使中国不再去注意它的无休止的党派斗争。"芮恩施这句拗口的话，意思就是中国可以利用此机会，转移国内矛盾。

第二天，芮恩施再次拜访黎元洪。黎元洪问："这样做会不会增加军方的势力？" 黎元洪说出了自己的担心：如果因此导致中国出现军人政府，那五年来的共和努力将付之东流。这时，黎元洪不失时机地又问了一个关键问题："美国政府会不会帮助中国承担这样一个步骤的责任呢？"这个问题反映出黎元洪的外交智慧：他知道何时使用哪种筹码。黎元洪这是在告诉美国：美国要想得到中国的支持，是要付出代价的，而不是无偿的。芮恩施无法直接给黎元洪一个答案，因为美国政府未授权他回答此问题。芮恩施于是致电美国国务院询问，可是据他讲，同美国的电报始终处于中断状态，无法得到国务院的答复。

9日，日本外务大臣本野一郎召见中国驻日公使章宗祥，表示"中国仅提抗议，于中国地位似非得计，不如即行宣布断绝国交，并不必俟抗议回答"。日本此时的态度与一战初迥异，有分析认为，日本不希望中国紧随美国，而是盼望中国能加入协约国。当然，日本等协约国也怕中国加入同盟国，为一战增添变数。段祺瑞经过深思熟虑，立场由最初的跟随美国转向加入协约国，他认为这样会给中国带来最大利益。

黎元洪对参战问题持谨慎态度。他主张追随美国，警惕日本。黎元洪对日本的警惕是有道理的，就在本野一郎召见章宗祥鼓动中国参战的当天，日本与英、法等国达成秘密协定："保证将来在讲和会议中，援助日本要求割让德国在山东及赤道以北岛屿之领土权利。"警惕日本的同时，黎元洪还警惕国内各党派在此问题上的斗争。2月27日，黎元洪在答记者问时指出："应依据宪法行事，倘代表民意之国会决定赞成加入联盟，则余必不反对。"黎元洪对德问题的态度，势必与段祺瑞的观点产生摩擦。

印有黎元洪头像的烟标

　　段祺瑞为能成功加入协约国，作了大量努力。首先，确定日本的政治支持。2月11日，段致电章宗祥，令其探询日本政府对中德绝交的意见，当天就得到了日本的回复，并直言支持中国加入协约国；其次，取得日本的经济支持。2月13日，日本以中国对德宣战为条件，与段的代表曹汝霖签订第二次西原借款2000万日元的临时合同；最后，转变副总统冯国璋的态度。冯国璋一直主张严守中立，反对与德绝交和宣战。段祺瑞利用买卖存土案，邀冯进京晤谈，使冯转变态度，支持与德绝交并加入协约国。3月4日，段祺瑞持发给驻日公使章宗祥的电报，请黎元洪盖印。黎元洪看到电文中有对德绝交字样，"虑异日国会于绝交一事不予同意，有丧国际信用，拟先交国会通过，以是与段总理冲突"。

　　段祺瑞见黎元洪以国会为托词，非常恼火，一气之下，提出辞职。然后直奔火车站，准备回天津。此时，身在北京的副总统冯国璋正在陆军部演讲，听到消息后，连忙赶往火车站企图挽留段。段怒气未消，坚决不允，遂返天津。府院之争，从此演变成黎、段二人的正面冲突。

段祺瑞一走，黎元洪邀请冯国璋、徐世昌、王士珍商议总理继任人选问题。黎提议由徐世昌接任总理一职，徐婉拒。冯、徐、王均主张邀段回京复职。黎无奈，只好请副总统冯国璋赴津请段。行前，冯曾与黎元洪商定段复职条件："一、阁定外交方针总统不加反对；二、阁拟命令总统不拒盖印；三、阁训电各使、各督军省长，总统不加干预。"这是国务总理段祺瑞向大总统黎元洪要权。黎元洪别无选择，只得答应。于是，3月6日，段祺瑞回京复职。

　　经参众两院投票通过，3月14日，中国政府正式与德国断交。我们可以把由于对德绝交问题导致黎、段的正面冲突，看作是府院之争高潮的第一阶段。第二阶段，即对德宣战阶段，则更加精彩和惨烈，它直接导致黎、段二人双双下台。

　　1917年3月19日，英、法、日、俄、意、比、葡七国驻华公使致书中国外交部，劝中国加入协约国。5月1日，段祺瑞率国务员往总统府面请黎元洪批准宣战案。同对德绝交阶段时的态度一样，黎元洪依然强调"一俟通过国会，即将命令盖章"。有人说黎是用国会做挡箭牌，实际是反对参战。其实不然。黎元洪对中国是否参战以及参战后中国能获得的利益等问题，已经通过外籍顾问，作了充分了解。他之所以再次提出国会通过，即命令盖章，是其维护共和、尊重国会思想的具体体现。还有一层原因是当时欧洲胜负难料，公开支持参战的话，如果德国战胜，黎担心自己或被千夫所指，成为历史罪人。

　　段祺瑞无功而返，倪嗣冲、张怀芝、曹锟、孟怀远、李厚基等督军团成员前往总统府面晤黎元洪，准备劝其支持参战。黎元洪要求每次只会见一人，于是安徽督军倪嗣冲抢先入觐。倪此行的目的是想与黎沟通对德宣战问题，可没想到一见面，黎就质问他，身为地方军事长官为什么与外国公使接触？为什么不请假就来京？倪听到黎这么一问，来时的精气神顿时没了踪影。

　　段祺瑞得知督军团亦碰壁，就准备了一份国务会议关于参战的决议文件，拿到总统府盖印后提请国会通过。不过当黎元洪看完文件，交给监印官唐浩镇时，唐却一反常态，拒绝盖印。段大怒。同去的教育总长范源濂尤其怒不可遏："尔何人！不配说不盖印！"说完，段祺瑞率众国务员负气离去。唐浩镇确实没有权拒绝

冯国璋 (1859—1919)

黎元洪大礼服佩剑正面照

傅良佐 (1873—1924)

民国国会议场内部

盖印。黎元洪一看事情要闹大,就亲自盖印,然后让总统府秘书长张国淦带回。7日,该案咨送国会。

其实,黎元洪本人对参战是不反对的,他强调的是需要国会通过才行。美国驻华公使芮恩施面晤黎元洪大总统,询问其对于参战的态度。黎元洪明确告诉芮恩施,"他赞成宣战,如果国会在立法方面不拒绝的话"。

细心的读者肯定会注意到,黎元洪再次提及国会。无论与所谓亲日的段祺瑞会面,还是与美国驻华公使谈话,黎元洪的态度都前后一致,这足以说明黎元洪的决定是认真思考后做出的,并没有受到外来压力,也说明黎元洪赞成参战的态度是认真的,主张把参战问题交予国会通过也是认真的。希望通过法律程序完成参战手续,这些都可以看作是黎元洪民主思想的具体体现。球已经踢到议会门前,下一步,就看段祺瑞如何施展了。

5月10日,众议院召开全院委员会,讨论对德宣战案。忽有街市流氓、制服兵士约数千人,自称"公民请愿团",将国会层层包围,各执请愿旗帜,要求当日将宣战案通过,否则不许议员出院。据张国淦讲,此次事件的策划人是段祺瑞的四大天王之一——傅良佐。

傅良佐,字清节,祖籍江西,生于湖南。北洋武备学堂毕业,时任陆军部次长。也有一说,指公民团为靳云鹏和傅良佐共同指挥。无论哪种说法,段都难脱干系。如果我们把黎元洪指责督军团干政看作是黎政治上不成熟,缺乏手腕的话,那么段系操纵的公民团事件就是胡闹了。如此胡闹,连段派议员都被激怒了。中和俱乐部成员张伯烈"提议请内阁总理、内务总长、司法总长三人到会,质问北京秩序是否尚能维持"。公民团事件后,支持段祺瑞的内阁成员谷钟秀、张耀曾、程璧光、伍廷芳相继辞职,范源濂托病不出,内阁仅剩段一人。至此,段系沟通国会的努力付之东流,这个事件是段搬起石头砸了自己的脚。

然而段祺瑞并没有放弃,他仍期望国会通过参战案。1917年5月14日,督军团宴请协约国公使,表示政府愿加入战团,俟国会通过即可。15日和16日,段祺瑞两次咨请国会从速议决对德宣战案。15日,督军团宴请国会议员,为内阁疏通参战案。可是，国会对段祺瑞却无法再信任了。19日，众议院以现内阁仅剩总理一人不足信任为由，决定宣战案待内阁改组后再议。

公民团事件发生后，黎元洪也承受着很大的压力。

黎元洪承受的压力有三：妥善处理公民团事件的压力；妥善处理阁员辞职事的压力；妥善处理督军团干政的压力。其中，最危险的就是来自督军团的压力。黎元洪面对督军团时，缺少政治家的手段，更多展现的是军人的刚直，以致与众督军格格不入、剑拔弩张。同样是军人出身，段祺瑞可以劝说众督军同意参战，而黎元洪虽然也赞同参战，却始终咬定督军干政，致与众督军势同水火。督军团离京后，黎元洪即着手准备免去段祺瑞的总理职务。

段祺瑞还在设法保住内阁。段始终在努力争取议会通过参战案，不想前功尽弃。因议会认为内阁只剩段一人不足信任，需内阁改组后再议参战案。段只有设法补充内阁，争取时间。在张国淦、范源濂的建议下，段提出了与黎关系密切的夏寿康、饶汉祥、汤芗铭等人组成的内阁名单，希望黎能批准。可惜，一切都晚了。

5月23日下午2时，黎元洪发布免段令、伍廷芳暂代总理令、王士珍任北京警备司令三个命令。段祺瑞收到免职令后，一面去津，一面漾电各省："查共和各国责任内阁制，非经总理副署，不能发生效力。以上各件，未经祺瑞副署，将来地方、国家因此发生何等影响，祺瑞概不能负责，特此布告，国务总理段祺瑞。"

段祺瑞免职去津，标志府院之争的结束。黎元洪没想到的是，"院"去后，"府"将安在？更大的危机即将出现。

十　开门揖盗

虽然伍廷芳暂代国务总理，但其年老久病（时年75岁），无法应付繁重的国事，黎元洪必须尽快找到一位合适的总理人选。谁能胜任呢？黎元洪首先想到了无论地位和资历都足以与段祺瑞平起平坐的徐世昌。

1917年5月24日，黎元洪派饶汉祥和吴笈孙赴津请徐出任内阁总理。徐世昌是老牌政客，政治嗅觉远在黎元洪之上。听家人报说饶、吴二人求见，他当即明白其来意。徐没让二人入府，仅叫人传语"不能入京"。黎元洪的本意是以北洋制北洋，徐世昌不行，就请王士珍。

伍廷芳（1908年在美国芝加哥摄于驻美公使任内）

王士珍（1861—1930），字聘卿，河北正定人，是与段祺瑞、冯国璋齐名的"北洋三杰"之一，人称"北洋之龙"。24日，黎元洪先派手下幕僚前往王士珍宅相请，王不允。25日，黎元洪亲至王士珍宅，请其出任国务总理兼陆军总长。王士珍开始以取代段祺瑞有卖友求荣之嫌，拒绝了黎的邀请。后在黎百般劝说下，王终于松口，谓："不担任陆军，无以对总统及国家；兼任总理，无以对芝泉（段祺瑞）。"王士珍终于答应出任新内阁的陆军总长，但不同意组阁，他向黎推荐李经羲为内阁总理。

王士珍（1861—1930）

李经羲，字仲仙，又字仲宣，仲轩，是

李经羲（1859—1925）

张作霖 (1875—1928)

李鸿章弟李鹤章之子。曾任广西巡抚、云南巡抚。1913年任政治会议议长。黎元洪希望李经羲可以成为他与北洋之间沟通的新桥梁。征得李的同意后，黎向国会提案以李经羲为国务总理。在参议院开会之前，黎元洪为确保李经羲内阁通过，特意发表公开电文，称李经羲乃王士珍推荐，且王本人愿任陆军总长一职。5月28日，参议院以196人出席，166票同意通过李经羲内阁。由此，李经羲出任国务总理兼财政总长。

正在总统府焦急等待议会投票结果的黎元洪，得知李经羲内阁获得参议院通过后，脸上的笑容还没来得及展开，就见参谋长金永炎急匆匆地跑了进来，手里拿着一份电报。

原来奉天督军张作霖见段祺瑞内阁下马，不待与督军团一致行动，率先向黎元洪发难。28日，张作霖致电黎元洪，称"应请大总统毅然独断，解散国会，屏斥群邪，仍任命段总理组织内阁，一面迅即改选议员，以奠国基，而餍众望，中国幸甚。作霖忝领军民，兴亡有责，执戈待命，急不择言。如不蒙垂察，惟有断绝关系，以谢天下"。张作霖以"断绝关系"为要挟，要求黎元洪解散国会。这份电报犹如当头棒喝，让黎元洪几天来所作的努力化为乌有。还在天津的李经羲得知张作霖发难，吓得不敢入京了。

然而，更让黎元洪心惊肉跳的事情接踵而至。29日，安徽省长倪嗣冲发表通电，宣布安徽独立，与中央脱离关系。倪嗣冲（1868—1924），字丹忱，安徽阜阳人。黎元洪甫得来电，吓得心惊肉跳，同时也懊悔不已。原来倪嗣冲与段祺瑞并不和，在来京参加全国军事会议之前，是持反战态度的。前次进京参加全国军事会议，实际是想借机靠近黎元洪，顺便为自己的侄子谋个中将军衔。倪想得到的无非是封官加爵，这对大总统来说完全是小事一桩。用爵位安抚地方大员可以说是历代通行的做法，且成本极低，效果极佳。袁世凯称帝后，第一时间授予倪嗣冲一等公，倪千恩万谢，肝脑涂地为洪宪卖命。可黎元洪毕竟出身行伍，政治经验较袁世凯差得太多，且不会运用手腕。对倪嗣冲的请求，黎元洪断然拒绝，让其颇为难堪。黎元洪逞一时之气，把倪嗣冲推向了段祺瑞方面，也给自己树了政治强敌。

如果说倪嗣冲让黎元洪感到害怕，接下来的事情他感受到的应该是恐惧了。在倪嗣冲的首倡下，陕西督军陈树藩、河南督军赵倜与省长田文烈、浙江督军杨善德与省长齐耀珊、奉天督军张作霖、山东督军张怀芝、黑龙江督军兼省长毕桂芳、直隶督军曹锟与省长朱家宝、福建督军李厚基、山西督军阎锡山等省先后宣布独立，史称"十省独立"。此外，淞沪护军使卢永祥、第二十师师长范国璋等也先后宣布独立。

看着参谋长送来的一份份电报，黎元洪眉头紧锁，一言不发。过了半个小时，忽然，黎元洪抬起头来，问："没有了？"金永炎答："没有了。"黎元洪再问："张勋什么态度？"金永炎答："张勋只是以督军团的名义请大总统退职，并未宣布独立。"听到这里，黎元洪竟然松了口气，紧张忐忑的心情好像轻松了许多。

张勋是谁？为什么能让堂堂一国的大总统如此重视呢？

张勋（1854—1923），字绍轩，江西奉新人。勋8岁丧母，12岁丧父，14岁继母

张勋 (1854—1923)

亡，遂成孤儿。后做牧童、书童糊口，谋生之余，读书练字。28岁娶妻曹琴，后从军报国。42岁投袁世凯，获任新建陆军工程营管带（营长）、行营中军督练处总务长等职。46岁，升任总兵。同年，调北京，多次担任慈禧太后、光绪皇帝扈从。奉命护驾慈禧回京，得到嘉赏。溥仪即位后，任江南提督，率巡防营驻南京。武昌起义后，奉令镇守南京，顽抗革命军。乃被清政府授为江苏巡抚兼署两江总督、南阳大臣。1913年，袁世凯任大总统，张勋所部改称武卫前军，驻兖州。二次革命中奉袁世凯命，率部往南京镇压讨袁军。1914年，被袁世凯授为将军府定武上将军，江苏督军，任长江巡阅使，驻徐州。1916年，兼任安徽督军。

民国成立后，孙中山致电各地，命令民众剪辫，北洋将领相继遵命剪去辫子，张勋及其所部却始终未剪。连"老上级"袁世凯的规劝，张勋都以"宁死不剪"回绝，以示效忠清廷，让袁也无可奈何。所以人们称张勋为"辫帅"，称其军为"辫子军"。张勋是北洋系众督军中真正的实力派，他的"辫子军"号称有5万人，而其他省督军手下的兵力也就1万人。督军团成立后，张勋遂为其"盟主"。

黎元洪见督军团"盟主"张勋并未宣布独立，知道事情尚有回旋余地，心中也暗自庆幸自己上任以来一直与张勋方面保持畅通的沟通，如今就要派上用场了。

原来早在黎元洪继任大总统之初，就非常重视与张勋的合作。为此，他派总统府顾问李盛铎为信使，往来北京徐州之间进行沟通。李盛铎（1859—1937），字椒微，江西九江人，著名藏书家，曾任清政府出使比利时大臣，立宪派人物。李盛铎作为黎的信使第一次赴徐州与张勋沟通的时间是1916年6月17日。当天，张勋致电黎元洪称："李君盛铎已于今晨抵徐，赍奉钧函，并传温谕。渥承光宠，感悚奚如，谨先覆闻，请舒廑系。"李盛铎也致电黎元洪："盛铎谏日起程，本日抵徐。一切遵照钧谕传达。张上将军非常感激。并称，以后遇有艰难之时，必当力图报称。余容回京详陈。"不久，督军团在徐州举行第一次会议后，张勋致函黎元洪，向其汇报会议情况，可见双方联络之频繁。甚至在督军团于北京召开军事会议期间，即1917年5月，当得知张勋未能来京参加全国军事会议，黎元洪命总统府顾问哈汉章利用南下之机顺访张勋，以示拉拢。哈汉章带有黎元洪亲笔信函一封，称："此次军事会议，未得驱从莅都，藉聆伟论，实深歉疚。"同时，黎元洪再遣李盛铎前往徐州面晤张勋，探知其真实想法。

张勋有复辟之意，如司马昭之心，路人皆知，黎元洪当然早有防备。黎元洪知道，张勋这张牌打出去后，对独立各省来说会有效果。但如果其肆行复辟，谁能够约束他呢？黎元洪还没想出答案。

正在犹豫之际，天津方面传来段祺瑞要组织临时政府，推举徐世昌为陆海军大元帅的消息，黎元洪的心又悬了起来。好在张勋认为段的举动有碍自己的复辟计划，致电段说"不得于通常名目之外，别立名目"，临时政府计划就此胎死腹中。张勋反对段祺瑞另立政府虽然是为复辟铺路，但却无意间为黎元洪解了围，让其看到了希望。

不过独立各省却已经付诸行动了。倪嗣冲截留津浦路车辆，运兵北上；张作

民国六年（1917）发行的100元中国银行兑换券上的黎元洪头像

黎元洪身着大礼服像

霖派第五十三旅旅长张景惠率部开赴山海关；驻扎岳阳的长江上游总司令部司令吴光新宣布戒严，地方行政、财政、司法、交通、金融各机关，归司令部监督保护；直隶督军曹锟命驻涿州混成旅移驻长辛店，并派军开赴良乡，直逼北京；驻扎洛阳的陆军第七师师长张敬尧率军开赴郑州，得令即北上；安武军"北伐总司令"倪毓棻奉命率部由蚌埠出发抵达天津；山东督军张怀芝派军开赴天津之良王庄、独流镇。北京岌岌可危矣。

黎元洪必须自己解决眼前困境。5月31日，黎元洪急召陆军部总长王士珍、司法部总长张绍曾、京津警备司令陈光远入府，商讨倪嗣冲等独立叛乱事。当天，黎元洪还发表通电，表明自己的立场。通电虽洋洋洒洒数百言，但独立各省的督军哪有闲暇听他絮叨。黎元洪也清楚地知道，仅靠一纸电文退兵是不现实的，他在等待张勋的态度。

1917年5月31日，李盛铎由徐州返京，向黎转达张勋态度，说："总统若令我入京，愿任调停。"黎元洪大喜过望，致电张勋，称："当此危疑震撼之交，必有排难解纷之策。惟念事情复杂，恐非文电所能畅宣，倘承移驾津门，与仲宣（李经羲）总理缜密筹商，并即联袂来京，立图解决。执事之功，国民之福也。"

在这封电报中，黎元洪首次正式邀请张勋来京调停，并要求其行事"须在宪政范围以内，于民国根本无妨"。这是黎元洪为自己和张勋设的底线。黎保证"苟有维持调护之方，自不惜为委曲求全之计"。当天，黎元洪收到张勋的回电，张勋在电中提出调停五条件：督军参与宪法制定；段祺瑞复职；罢斥总统左右宵小；赦免帝制犯；清除议员中的"暴烈"分子。6月1日，黎元洪复电，称："台端身系安危，举国宗仰。元洪尤望如饥渴，业已明令请驾入都。务恳即日首涂，与仲宣（李经羲）联袂北行，俾早决疑定计。事机危迫，拥慧待之。"

在6月1日的回电中，黎元洪再次强调自己的底线是"在宪政范围以内，于民国名义无妨，苟有方法维持，无不委曲迁就"。黎元洪仅试图保留议会，为大总统争取最后一点尊严。当天，黎元洪发布大总统令电召张勋来京："安徽督军张勋，功高望重，至诚爱国，盼即迅速来京，共商国是，必能匡济时艰，挽回大局，跂予望之。此令。"

这份大总统令就是一份正式的邀请函，让张勋可以合法地带兵进入北京。您也许会问，黎元洪并没说让张勋带兵入京啊？是，但黎元洪也没说不让他带兵入京。这是黎元洪的疏漏之处，后来他极力弥补，可惜为时已晚。

得知黎元洪请张勋进京担任调停，日本驻华公使林权助相当吃惊，他立即驱车赶至总统府。林权助说："张勋如果到北京来，他一定要抓住这个时机，使自己成为独裁者。我是这样观察的，不知阁下以为然否？"黎元洪对此不以为然，说："不会发生这样的事。我曾就此事和张勋将军多次信函往来，磋商良久，请您不必多虑。谢谢您提起注意，对此我信心十足。"日本是反对复辟的，而且曾就此事通过参谋次长田中义一（后来的日本首相）当面警告过张勋。不独日本反对，美国亦然。

美国驻华公使芮恩施在会见黎元洪时，说："张勋将军是旧时代的土匪和军阀，他的脑子里没有对现代政治制度的理解。如果他来北京，会不会殃及国会？"黎元洪自信满满地说："放心吧，公使先生，您可以相信我，我能够依靠张勋将军。"

等待是漫长的。张勋虽然答应"北上调停"，但能否成行，何时起程，何时到京，都是未知数。更让黎元洪煎熬的是，政局的动荡在加剧。6月2日，以雷震春为首的总参谋处在天津河北中州会馆成立。他们把矛头直指黎元洪，称其"继任后，中央政务日益丛脞，居不负责任之地，事事干涉，破坏内阁制度，听信群小，排斥正士，暴民盘踞，议会与府中勾通，拘煽劫夺政权，约法偏弊，穷于救济，共和政体，竟成专制"，主张"巩固共和国体，另订根本大法，设立临时政府，临时议会"。开幕式上，雷震春、张镇芳代表张勋发言，当提及"复辟"时，会场内段祺瑞的部下起而声讨，几至动枪。总参谋处经此矛盾，仅昙花一现，未能在军事上助力张勋。此次会议是张勋复辟的先声，可惜黎元洪没有重视。在纷乱的时局面前，黎元洪的精神状态日渐消沉，甚至一度想辞去大总统职务。

6月5日，黎元洪致电冯国璋请其代理大总统职务，冯不但拒绝，还于当天致电参众两院请求辞去副总统一职,这让黎元洪更加不知所措。好在新任陆军总长王士珍善解人意,主动提出搬到总统府办公,以示与大总统患难与共,也希望可以使黎元洪安心。黎元洪还是希望冯国璋可以继任大总统,可见此时的他已对未来毫无信心。

不过,否极泰来。6月5日,美国政府通过美国驻华公使芮恩施发表了一份声明,明确表示:"美国尤为深切关心者,在中国之维持中央统一与单独负责之政府。"美国政府公开反对各督军的独立,犹如给北京政府打了一剂强心针,黎元洪当然非常欢迎。6月6日,日本参谋次长田中义一谒见黎元洪,明确表示反对张勋复辟。由此,黎元洪的后顾之忧自然减轻许多。

让黎元洪更为高兴的是,6月6日,张勋宣布将于7日北上进京,并且命令"各省业经出发军队,均望暂屯原驻处所,勿再进扎"。黎元洪马上致电,表示"不胜欢忭",高兴之情溢于言表。可是,令黎元洪没想到的是,张勋人还未到北京,就做了一件让他感觉如鲠在喉的事。

十一　张勋复辟

正当黎元洪为张勋北上"不胜欢忭"之时，参谋长金永炎进来禀报："张勋此次进京，将带辫子军十二营。"黎元洪一听，惊出一身冷汗：如果带个百多人做随身保护之用，还可理解。这么多军人入京，不是好兆头。

可是，此时张勋正在火车上，劝阻已经来不及。黎元洪急忙致电正在天津的徐世昌、段祺瑞和李经羲，电曰："顷复闻定武明午北上，随带军队十二大营，敝处未接定武来电，不知确否？近来京师地面讹言蜂起，一夕数惊，请速查明，转告毋庸多带军队。如军队业已启行，亦请暂在天津以南驻扎，庶不致人心摇动。至北京军警林立，对于定武自能完全保卫。"为什么要发电报给天津呢？因为张勋此行预计要在天津停留几日，然后进京。

张勋专车于6月7日早7时从徐州出发，经过一天一夜的行驶，于8日晨7时30分抵达天津车站。路上，张勋就已经得知黎元洪的电报内容。火车到天津后，张勋仅带百余士兵下车，命其余部队4000余人，直接开抵北京，驻扎天坛和先农坛。张勋命辫子军先于自己进京，造成既成事实，让黎元洪"毋庸多带军队"的电报成为一纸空文，而张本人则留在天津，继续给黎元洪施加压力，为自己增加筹码。

8日下午，总统府秘书长夏寿康赴津迎张。张勋提出调停五条件（一说是六条件，即加解散各省议会），即一、解散国会；二、惩办左右佥壬；三、修正宪法；四、优待清室条件，加入宪法；五、赦免帝制犯。"且声言不解散国会，即行返徐，各省督军自由行动，不能劝止"。黎元洪收到夏寿康转达的五条件后，立即致电张勋，电曰："承示各项办法，具见极费苦心，唯有曲从，以副盛意。"并下令撤销总统府军事幕僚处，以"惩办左右佥壬"。然而，这还远远不够，张勋的目的是解散国会。

解散国会的压力不仅来自张勋。身居天津的北洋大鳄段祺瑞和徐世昌、督军团的代言人倪嗣冲、总参谋处的雷震春、陆军总长王士珍均通过不同渠道向黎元洪表示维护总统、解散国会之意。

黎元洪向来以捍卫共和自居，让国会毁在自己手里，这是他无论如何都不能做的事。何况自己上任之初，就曾当众誓言"不违法，不怕死，不恋位"，难道这次

张勋的辫子军进京

黎元洪标准像

必须要食言而肥吗?

来自天津和各督军的压力未已,北京的高层官员也起而相逼。6月8日晨,王士珍约同江朝宗入谒黎元洪,以解散议会相逼,"极言照此办法得将大局收拾起来,已为最大便宜。倘尚因循坐误酿成进一步之破裂,某等亦惟有辞职而去,不负一切责任"。6月10日,由于担心张勋因解散国会事不成而放弃调解,陆军总长王士珍、京津警备司令陈光远、京师警察厅总监吴炳湘、步军统领衙门统领江朝宗等四人晋见黎元洪,声称"大总统如不发解散国会命令,恐京师发生变故亦未可知。鄙等不能负维持治安之责"。

可以说,当时解散国会的呼声主要来自手握军队的大军阀。坚持维护议会的声音主要出自议会内的民党议员,两者力量相比,胜负可知。黎元洪也不再坚持他的"不违法,不怕死,不恋位"之誓言了。不过,黎元洪还想"依法"解决国会问题。当然,这里所谓的"依法"就是找到牵强的法律根据而已。

6月8日下午3时,应黎元洪之邀,法制局局长方枢偕日本顾问有贺长雄入见。有贺的意见让黎元洪眼前一亮:"(有贺)以为在法律上不成问题,第一,临时约法载明临时大总统于十个月内召集国会等语,故召集国会惟二年之临时大总统有此特权,上年之召集命令本非适法,今之解散即为纠正前失,亦未尝说不过去;第二,上年召集令之措辞本在制定宪法。今以议员纷纷辞职之故,宪法会议事实上已不能成会,则解散之举与上年召集之令根本不生冲突。有此二种理由,故解散国会在法律实无问题。"不过,黎元洪还是希望议员能够自行辞职。当晚,黎元洪召见众议院议长吴景濂和28名议员到总统府,黎元洪首先发言,说:"张勋之传言调停条件中,以解散国会为主要。故国会究竟难免于解散。惟由政府命令解散颇不稳当,且予亦所不忍。议员诸君能否自行全体辞职,以便收拾时局?"议员答称:"吾辈依约法而当选为议员者,自顾今日议员无辞职之理由,且议员辞职须依各人之自由意思,而决不应强制执行。吾辈甚希望大总统不怕死,贯彻从来之主张,以固约法而维国命。"

黎元洪不想亲手解散议会,议员也不想辞职以成全黎元洪的"不违法"之誓言,双方的谈判看似走进了死胡同。就在黎元洪对是否解散国会犹豫不决时,远在南京的副总统冯国璋帮他解了围。6月9日,冯国璋发表《致各省督军通电》,就解散议会问题指出:"以国会与元首较,与其动摇元首,毋宁动摇国会;以国会与国家较,与其牺牲国家,不如牺牲国会。当千钧一发之际,惟有两害取轻。"冯国璋的"两害取轻"之说,主要是想保住"国体不致变更",这也是黎元洪最关心的问题。得到副总统的支持,黎元洪立即嘱咐手下拟好解散国会令,交代总理伍廷芳副署,伍予以拒绝。

10日,张勋电斥伍廷芳:"兵临近畿,旦夕即可横决,设以一人之梗议,致大局之全隳,责有专归,悔将何及?"伍廷芳不为所动,坚持"约法无解散国会明文,非得全国一致赞同,不能遽然从事"。黎元洪见无法劝动伍廷芳,就转而求助还在天津的正式国务总理李经羲。他派人挟带拟就的命令找李经羲副署,李经羲以尚未就职为由拒绝了黎元洪的请求。12日,黎元洪下令免去伍廷芳的代总理职务,改由江朝宗代理总理。13日,由江朝宗副署的解散国会令正式发布。中华民国第二届国会就这样被解散了。

黎元洪解散议会,安抚了张勋和众督军,却激怒了以孙中山和章炳麟为代表的南方势力。15日,驻粤滇军第3师师长张开儒与第4师师长方声涛发表通电,出师讨逆。西南各省起兵讨逆,让黎元洪的处境雪上加霜。此时的黎元洪对西南各省的举动,除致电规劝外,已经束手无策矣。好在张勋看到国会解散后,认为目的已经达到,准备起身赴京了。这或多或少让黎元洪感到一丝安慰。

6月14日下午3时,张勋偕李经羲等抵达北京前门车站。黎元洪派将军府奋威将军丁槐、全国烟酒公卖局总办钮传善、法制局局长方枢、步军统领江朝宗、京津警备司令陈光远、京师警察厅总监吴炳湘等前往车站迎接。前门车站至南河沿张公馆之间道路,净水洒街,黄土铺道。沿途警卫分两层,外层由黎元洪派军警负责,内层是张勋的辫子军。黎元洪特意打开中华门迎接张勋。中华门,明代时称大明门,清代时称大清门,位于正阳门北,今毛主席纪念堂处。中华门与天安门及天安门北的端门,构成皇城的三大中门,只有太后慈驾、皇帝乘舆、皇后大婚,方得

张勋复辟时，辫子军警卫北京街道。

张勋复辟期间，被打得满是枪眼的东安门。

以从这三座大门逐一通过。打开中华门迎接张勋，足见黎元洪对其的重视。

张勋进京的次日即与黎元洪会面。1917年6月15日早，黎元洪即派钮传善、夏寿康前往南河沿张公馆等候。10时，张勋在钮、夏二位的陪同下来到总统府。黎元洪在居仁堂设宴，隆重迎接张勋。席间双方书面提出解决时局五办法：一、组织责任内阁；二、召集宪法会议；三、改良国会规则，减少议员名额；四、赦免政治旧犯；五、摒退公府佥壬。因为最困难的国会问题都已经解决，这五个条件不再是障碍。黎元洪在条文上亲笔批明："交院分别办理。"张勋对会谈结果很满意，黎元洪也是如此。如果没有西南诸省的讨逆行动，北京政府看似要走上正轨了。6月下旬开始，黎、张各自在履行对方提出的条件。

18日，张勋通电独立各省，取消独立名义。各省督军非常配合。19日至22日，直隶、河南、安徽、陕西、奉天、山东、山西、浙江、福建九省宣布取消独立。黑龙江省因许兰洲胁迫督军毕桂芳退职，遭到军人反对，要求北京政府调离许兰洲，仍令毕桂芳督军复职。黑龙江省出了个小插曲，不过也可以视为已经拥护中央。

黎元洪命令迅速设立内务部办理选举事务等。关于制定宪法，黎、张同意援引民国元年南京临时参议院的成例，由各省推荐代表两人组成宪法会议。

22日，处长雷震春宣布总参谋处撤销，这个诞生仅20天的临时政府机构应声而倒。同日，李经羲宣布正式就任国务总理，随后着手组阁。但是困难重重的组阁过程，让张勋再次萌发了复辟的想法。

初，李经羲答允安排张勋信任的三个人入阁，即雷震春为陆军部长、张镇芳为财政部长、李盛铎为农商部长。令下后，全国响起一片反对之声。李经羲无奈，只好重组"名流"内阁。黎元洪亦竭力致电派员敦请赵尔巽、张謇、汤化龙、严修、汪大燮、陆徵祥等入阁，不料均遭婉拒。"名流"内阁不成，24日，黎元洪发表任命李氏内阁阁员，张勋信任的三个人，只剩李盛铎任农商部长。这样的安排，让张勋颇为失望和恼火，这是其重新转向复辟的一个起因。另外雷震春在军事上，张镇芳在经济上的支持，乃至满清遗老的鼓动，更是张勋下决心施行复辟的重要因素。

6月30日早，张勋即入宫与宣统帝溥仪的师傅陈宝琛密谈复辟事。下午，江西同乡会在江西会馆为张勋开欢迎会。晚，请京中名伶唱戏，张勋嘱让梅兰芳先唱。张勋赏戏时，陆军第二旅吴常植旅长和第十三师刘金标旅长的部队抵达安定门和西直门，要求入城。守门军官电话请示江朝宗，江朝宗命阻之。后接张勋电话，朝宗不得已放行。张勋部队顺利进入并控制北京城。闻讯后的王士珍、陈光远等先后急赴江宅，商量对策。张勋赏戏后，再入宫，已是丑时。出，命召王士珍、江朝宗、陈光远来南河沿张宅。张宅的卫兵燕列左右，露刃实弹，一派肃杀之气。入，见吴炳湘、张镇芳、雷震春等都已在座。稍顷，张勋出，宣布复辟之事，言事已大定，行在今夕。并向众人指明两条路：一是随其入宫赞成复辟；二是留在张宅听候发落。王士珍、江朝宗、陈光远等当然选择明哲保身。

7月1日凌晨4时，梁鼎芬、江朝宗、王士珍、陈光远、李庆璋等至总统府，请黎元洪退位。黎元洪事先以为张勋要亲至，就藏一把手枪在怀中，准备亲手枪毙之。及到时，见人群中并无张勋，而杀一梁鼎芬毫无意义，遂作罢。梁鼎芬还拿出事先拟就的"奉还大政"奏折，要黎签名盖印，黎元洪震怒非常，严词拒绝，呵斥梁鼎芬等背叛民国，毫无心肝。早7时，王士珍、陈光远、江朝宗再诣公府请黎元洪退位，黎再次拒绝。

7月1日上午，张勋穿戴朝服入宫，向宣统帝溥仪报告复辟始末。随后驱车拜访京内各皇族，通知已经复辟。归宅后，命将伪上谕草稿交印铸局印刷，复辟事件始为天下闻。

这时有关黎元洪的社会传闻也不绝于耳。有报纸报道："大总统闻复辟之耗，急欲自裁以谢国人，晋以手枪反击，伤及右肋，得左右抢救，刻正延医施治，或云已入医院，或云仍在公府，纷纷传说。"

黎元洪此时方知引狼入室。7月1日这一天，黎元洪连发三份急电向各界说明自己的处境，表明自己的立场。第一电反对复辟，第二电否认归政，第三电共图讨逆。

黎元洪在危难之时，又想到段祺瑞。于是，他委托汤化龙和梁启超二人，询问段是否愿意再任国务总理一职。段之左右有两种不同意见：一派认为经过复辟，

大清龙旗

讨逆军攻打紫禁城

民国已经中断，段自己出来讨逆，不需要总统、总理的命令；另一派主张接受总统的命令，以总理的名义作讨逆军总司令。张国淦说："这样做法无异另起炉灶，在全国进行号召比较方便，这主要是我的主张。"段祺瑞决定采用张国淦的建议，接受国务总理一职。

张勋复辟的当天，北京内外城商铺店家于午后3时，陆续悬挂代表清廷的黄色龙旗，各车站电报局等皆有辫子军把守。此时，中南海总统府内土山上尚飘扬着中华民国的五色旗，张勋不愿民国和清廷共存这幕滑稽剧继续上演，他决定请黎元洪迁出公府。

7月1日晚8时，王士珍受张勋委派前来公府，要求黎元洪退出。黎元洪之左右问其如何保护总统之安全，王曰："关于总统退去之护卫，虽应十分尽力，惟对于生命安全之保证，只能负八分之责任。"总统左右即谓王氏曰："尚有二分之危险，则八分之保证岂非无何等之意味乎？"王氏谓："对此以上之保证，万难为力，务乞原谅。"说完，王即回张宅复命去了。

外国公使亦关心黎元洪的安全及其真实想法。7月2日早，有某外国公使急入公府，拜见黎元洪，询问黎对"归政"的态度，其谈话内容如下：

黄陂反诘曰："溥仪之能力较前总统袁项城奚若？"

曰："不如。"

又询："张逆等之兵力较洪宪将士何如？"

曰："不及远甚。"

黄陂曰："若然。上年项城帝制自为，余尚独表反对，岂有于今兹复辟而反赞成乎？余他无所知，惟知有共和两字。若共和在，余与之俱在。否则，必以此身自殉而已。"

又询："清廷敕封　等公爵，君曾受之否耶？"

黄陂艴然曰："洪宪时代武义亲王尚薄而不为，焉有此时而受是项乱命乎？盖余在位则为公仆，退位则为公民，举所谓亲王公爵者，俱不足以荧惑我也。"

这段对话录自《黎黄陂轶事》。所谓轶事，盖多演绎，本不应以正史看待。然

北京荷兰公使馆

这段对话非常巧妙地用黎元洪二造共和的所为，表达他反对张勋复辟的决心，非常有说服力，故录之。7月2日，驻京日、英、法、俄、荷等国公使，齐聚荷兰公使馆，商讨应对复辟后之时局办法，决定照会外交部，"望精密护卫黎总统，勿危害其身"。并由荷兰公使作为代表前往外交部会晤"外交部尚书"梁敦彦，进行交涉。

7月2日下午，黎元洪公府警卫队被张勋撤换，黎元洪作为大总统此时在京已无立足之地。因黎元洪素患糖尿病，且在圣马可法国医院就诊，左右即建议不如以住院为名，避难于法国医院。黎元洪同意。离开公府前，黎元洪安排了三件事：免去李经羲国务总理职务；任命段祺瑞为国务总理；冯国璋继任中华民国大总统。

由于黎元洪无法在北京发表通电，于是事先拟好电文，派人到天津，于7月2日发布："元洪既不能执行职权，民国势将中断。查《约法》第四十二条，大总统因故不能视事时，副总统代行其职权。又查《大总统选举法》第五条，文义略同。并有国务院摄行职务之规定。应请冯副总统依法代行大总统职务。"

三件事安排后，黎元洪决定离开公府，赴圣马可法国医院避难。至此，黎元洪开始了第一次的下野生活。

十二　黯然下野

7月2日晚,细雨纷飞。公府警卫队已经换成张勋人马,黎元洪的左右决定采用声东击西之计,掩护大总统安全撤出公府。黎元洪侍从武官唐仲寅乘坐总统专车由前门先出公府,迷惑警卫队。而黎元洪本人则在秘书刘钟秀陪伴下,乘坐参谋本部次长蒋作宾亲自驾驶的汽车由后门离开公府,按计划驶向法国医院。可是到了法国医院,却因蒋不通法语,无法与门卫沟通,遂改投日本公使馆。

还好蒋作宾曾在日本士官学校留学,精通日语,得以顺利入住与法国医院同在东交民巷的日本公使馆。事后,日本公使馆就黎避难一事,发表声明,宣布对黎元洪大总统提供保护,但不许黎元洪在日本公使馆居留期间从事政治活动。

安全暂时得到保障后,黎元洪不愿见到民国中断。7月3日,黎元洪发布出府通电,并促冯国璋尽快继任大总统。电文曰:"所有印信文件,业经送津,请段总理暂行摄护,并设法转送副座,呈请接收。再顷者,公府卫队猝被撤换,催交三海,元洪亦即移居医院。此后一切救国大计,务请诸君商承冯副总统、段总理合力进行。"

7日上午10时,冯国璋在南京督军署就职正式代理大总统,下关中外兵舰鸣炮祝贺,并发表就职通电,称:"黎大总统因变起仓卒,出避外署,冬日来电,引援大法,嘱以代理之任……不得已遵于七月六日宣告恭代,权在南京就职。一俟此间军事布置就绪,即当北上。"至此,中断五天的中华民国大总统之职权,算是合法接续上了。需要注意的是,冯国璋此时只是代理大总统,而非正式大总统。

此时,段祺瑞组织的讨逆军已经与辫子军交上了火。张勋北上所带辫子兵仅4000余人,实力无法与东、西、中三路讨逆军相对峙。而原计划可以北上的辫子军,也因部下张文生的倒戈以及冯国璋、倪嗣冲率部阻隔,无法进京接应张勋。12日,张勋避难荷兰公使馆。

自1917年7月1日张勋入宫宣布清廷复辟起,至7月12日张勋逃进荷兰使馆避难止,复辟闹剧,仅短短12天就匆匆收场了。

7月14日,黎元洪结束了在日本公使馆两周的避难生活,返回东厂胡同。甫归家,黎元洪即连发两份通电,宣布返回自宅并辞职。两份通电发表后,黎元洪以为

法国医院

日本公使馆内武官宿舍

讨逆军进入北京

张勋和最小的儿子在北京荷兰公使馆内

可以"息影家园，不问政治"，安心过几年平民生活了。谁知两天后，黎宅发生了一件震惊中外的大事。

7月16日清晨，黎宅卫队士兵王德禄突发疯癫，持刀砍死同队士兵三人，伤二人，王德禄本人则被卫队其他士兵乱枪打死。血案发生后，京师警察厅经调查，认为案发的原因是：王德禄因未分得战利品且被人讥笑不勇敢，故恼羞成怒，精神崩溃，这才酿成此次黎府刺客事件。不过，京城舆论认为有某人要暗杀黎元洪，幕后黑手或指段祺瑞。其实，就目前所掌握的史料来看，这是无根之言。就连黎元洪本人都对此事不甚在意，在致老友察哈尔都统田中玉的私人密函中，他轻描淡写地说："本宅卫兵王某突变，刺毙多人。"并且告诉田，自己将"移居法国医院。贱躯无恙"。半个月后，冯国璋来京，黎元洪特意从法国医院赶回东厂胡同自宅与其会谈。可见，黎元洪的身体确实无恙，而且其行动也是自由的。

冯国璋会见黎元洪，是想劝其复职。此时，黎元洪已经心灰意冷，对大总统一职早无兴趣。而段则声言不再与黎共事，黎元洪复职之路看似走不通。那为什么还要劝呢？因为西南方面支持黎元洪续任大总统。海军总司令程璧光在秦皇岛安排两艘军舰，专候黎元洪南下任大总统；两广巡阅使陆荣廷致信冯国璋，劝其缓就大总统职，仍请黎复任；孙中山在广州倡议召集国会，组织护法军政府。这些造成南北无法统一的因素，是需要冯——去化解的，而化解的关键就是黎元洪的复职问题。此时，黎元洪已经提出要息影，所以冯之劝，只是一种姿态而已。不得不说，这个姿态，冯国璋做得相当漂亮。冯、黎之间的对话非常有意思，摘引如下：

河间（冯国璋）说："政变猝起，以副总统依照法律暂行大总统职权，实为不得已之举，今政局稍定，大总统为全国所属望，谨请复职，以卸代理职权。"

黄陂道："余既再三声明于前，断无复职之理，且余于政治上方深负疚，所以未出北京者，待我公耳，今若再有复职之举，非但无益于国家，且旧病未痊，难以视事，亦无益于个人，愿勿以是为请。"

河间说："方今多数舆论皆希望大总统复职，如各省督军及陆巡阅使等亦皆有大总统不应去职之言，愿顺舆论，请采纳愚意。"

黎元洪天津公馆

黄陂："陆干卿等之有如是主张，实其时不知余之退志已坚决。自公代行职权以来，内外翕服，政令修明，余去职亦无遗憾，幸勿固辞。"

河间："大总统一日不复职，则副总统唯有暂时代行其职权，惟愚意极盼我公复职。"

黄陂："公即来京，余不日将赴天津，为休养计，愚意不必用代理名义，即请正式就职，以利政治之进行可矣。"

8月6日，冯国璋宣誓就任大总统。黎元洪时代暂告结束。8月28日，黎元洪乘车赴津，公府侍从武官荫昌、警察总监吴炳湘一路护送。黎元洪从1913年12月以副总统身份进京，至1917年8月辞去大总统职务，以一介平民身份返回第二故乡天津。个中滋味，想必他自己都不愿回味吧。

冯大总统的任期尚未满月，9月1日，孙中山在广州当选为大元帅。这样，一南一北两个政府在中国又出现了。此前讨袁护国战争时曾出现过这种局面。孙中山的军政府是在护法的名义下成立的。按政治主张的不同，军政府内可分三大派：

以孙中山为首的中华革命党人,简称孙派;以岑春煊、唐绍仪为首的国民党稳健派,简称稳健派;以陆荣廷为首的西南军阀,简称实力派。孙派与稳健派和实力派的矛盾日益激烈。为缓和矛盾,孙中山想到了黎元洪。

9月3日,孙中山亲电黎元洪,邀请其南下。当然,迎黎南下只是表面文章,孙派与实力派之间的较量更多的是在军事控制权和地方统治权等实实在在的方面。西南实力派打算以黎元洪为筹码,北方当然不想让这个筹码被西南利用。

两天后,冯国璋派公府军需课长兼庶务司长张调辰,持其亲笔函前往天津,面见黎元洪,"并征求挽救西南危局意见"。通过此举,冯国璋可以了解黎元洪对西南的态度,意在阻其南下。护法战争开始前,10月1日,冯国璋派黎元洪的老部下张联棻前往天津,迎黎回京商议要政,目的仍然是阻其南下。张联棻(1880—1966),字馥卿,山东淄博人。黎元洪任参谋总长时,张任第三局局长;黎元洪任大总统时,张就任总统府军事处副处长一职。黎元洪婉言谢绝了赴京邀请。此时,天津正经历着历史上罕见的大洪灾,是次洪灾历时两个月,9月末更侵入天津市区。10月4日,冯国璋以天津大水灾为由,再请黎元洪进京居住,黎不允。黎元洪既没有听从孙中山南下广州,也没有答应冯国璋西进北京,他仍然稳坐天津。这时,冯国璋家里却发生了大事——冯夫人周砥因病去世了。

10月13日,黎绍基奉父命到京入中南海福禄居致祭冯夫人。这是黎元洪下野以来,有记录的第一次主动联系北京政府,冯国璋对此极其重视。黎绍基时年仅14周岁,但冯国璋丝毫没有怠慢。他亲自接见黎绍基,"询问黄陂最近起居及水灾受惊情形,异常详尽,并谢黎公派代表来京致祭盛意,最后希望黄陂来京,请公子返津向黎公面陈"。冯国璋趁机再次邀请黎元洪来京,黎元洪还是一如既往地拒绝了。

离开政坛,黎元洪在天津开始参与投资和经商。黎元洪曾与美国人华克在北京合资成立一家中美实业公司,黎任董事长,副董事长和董事都是达官显贵,张勋甚至也是董事之一。黎元洪还与意大利人成立一家震义银行,黎任董事长,张勋也是董事之一。据统计,"黎元洪先后投资的银行、厂矿等金融、实业近70余个,

1917年天津水灾将西开大教堂门前淹没

黎元洪与家人合影。左起：黎绍芳、黎绍芬、黎元洪、吴敬君、黎绍基、黎绍业、唐闳律（长媳）。

黎元洪1920年像

黎元洪读报照

1921年7月10日，黎元洪与夫人会见美国道勒轮船公司总裁罗伯特·道勒夫妇。

投资金额不下于300万元"。

从大总统到平民，黎元洪适应吗？其实，黎元洪在北京的生活，也非常平民化。有时候会穿便装出门逛街，甚至常常自己就逛到东安市场了。黎元洪还会带着孩子去看电影，听戏。黎元洪的生活比较西化，他喜爱穿西装或军服，很少穿中装。在饮食方面，黎元洪平时三餐都是西餐，但其夫人吴敬君偏爱中餐，所以家里有中、西厨房各一。黎元洪非常好客，经常在家中举行宴会。宴会前，黎元洪会按照西方习俗给客人发出正式请帖。对于宴会菜品，他必亲自检查，甚至菜单都要仔细摆好。到天津后，黎元洪的日常生活非常有规律：

早起，骑马，锻炼身体，洗澡；

8时，进早餐，之后浏览报纸，写毛笔字；

12时，午餐，之后午睡；

下午，会客，访友，打网球，冬天溜冰；

晚餐后，家人聊天、听留声机、听京戏、看电影；

21时，就寝。

黎元洪长子黎绍基说："张勋复辟给国家造成严重灾难，但它却给我父亲一个恢复健康的良好时机。"的确，塞翁失马，焉知非福。蛰伏天津五年的黎元洪，身体健康已经基本恢复。如果命运再给他一次做总统的机会，他会如何选择呢？

十三　再任总统

1922年5月15日早，刚刚吃完早餐的黎元洪拿起放在桌子上的《民国日报》，一行大号黑体字的标题吸引了他的视线：《孙传芳请黎黄陂复位之删电》。黎元洪对于孙传芳其人并不陌生，知道他是长江上游总司令兼第二师师长、直系名将、两湖巡阅使吴佩孚的手下。令黎元洪感兴趣的是：一个小小师长竟然也堂而皇之地请我复位，先看看他能说些什么。只见电文写道："巩固民国，宜先统一，南北统一之破裂，既以法律问题为厉阶，统一之归来，即当以恢复法统为捷径。应请黎黄陂复位，召集六年旧国会，速制宪典，共选副座。法统既复，异帜可消，倘有扰乱之徒，应在共弃之列。"

　　看罢电文，黎元洪放下报纸，自言自语道："吴佩孚这小子，有话自己不说，找个师长替自己说。" 此时，直系刚刚打败奉系，取得了第一次直奉战争的胜利。直系曹（锟）、吴（佩孚）声威大炽，如日中天，他们的下一个目标是统一中国。其时，中国有北徐（世昌）南孙（中山）两位大总统，欲统一必须名正言顺，于是恢复法统的主张甚嚣尘上。所谓恢复法统（也称法统重光），就如孙传芳删电里所说，即恢复民国六年（1917年）被黎元洪解散的旧国会，请黎元洪续满未完的大总统任期，之后再选举直鲁豫巡阅使曹锟为大总统。

　　黎元洪久历政坛，见多识广，当即看穿吴佩孚、孙传芳之流不过是想利用自己而已。他冷笑一声，把报纸扔到沙发上，起身前往书房练习书法去了。

　　可是从这天起，昔日门可罗雀的黎府天天都是车水马龙。政客、名人、议员、军人、富商，各色人等络绎而至，应接不暇。来宾中有赞成他复位的，也有坚决反对其再任总统的。

　　1922年5月28日，孙传芳总司令发表第二份通电，谓："广东孙大总统，原于护法，法统既复，责任已终，功成身退，有何流连。北京徐大总统，新会选出，旧会招集，新会无凭，连带问题，同时失效。所望我两先生体天之德，视民如伤，敝屣虚荣，及时引退，适可而止。"这是明白劝告南方孙中山和北方徐世昌两总统同时退位。

　　6月1日，旧国会议员200余人在天津会议，拥戴黎元洪复位，宣布徐世昌非法，

孙传芳 (1885—1935)

1923年5月，黎元洪题腾冲胜迹龙光台门匾

徐世昌 (前排左八) 就任大总统时与众官合影 (1918年10月10日)

并发表通电，称："两院既经非法解散，旋又组织参议院，循是有七年之非法国会，以及有同年之非法大总统选举会。徐世昌之为大总统既系选自非法大总统选举会，显属篡窃行为，应即宣告无效。自今日始，应由国会完全行使职权，再由合法大总统依法组织政府。"至于黎复职后的任期，议员们决定补足洪宪帝制八十三天和张勋复辟十余日即可，共百余日。

旧国会议员以法律的名义，宣布徐之总统为非法。徐世昌审时度势，于6月1日下午将眷属和什物从总统府搬回东四五条本宅，将所有总统印信暨一切重要文件交与国务总理周自齐保管，并令周代摄总统职权。之后匆匆自京赴津，徐世昌时代由此结束。

6月2日，直系军阀云集保定曹锟花园，决定依据约法，恢复国会；请黎元洪补足未满之百天任期；国会恢复后，制定宪法，选举总统；双十国庆前颁布宪法，并选新总统。曹锟、吴佩孚领衔17名直系军阀电请黎元洪"依法复位，以奠邦家"。

对于"恢复法统"主张颇为卖力的孙传芳更是派遣参议王金钰，专程前往天津，拜会黎元洪，面交亲笔信一封。孙传芳在信中直呼黎元洪为"黎大总统"，并请其"依法复位，重华日月，慰望苍生"。

那么，黎元洪的想法又是怎样的呢？

黎元洪欲迎还拒。自徐世昌下野，敦请黎元洪复职的电报纷至沓来。3日，黎元洪复电各省，声明："自引咎辞职，蛰处数年。思过不遑，敢有他念，以速官谤。果使摩顶放踵，可利天下，犹可解说，乃才轻力薄，自觉勿胜，诸公又何爱焉？前车已覆，来日大难。大位之推，如临冰谷。"表面虽然表示拒绝，但据某通讯社的采访，黎称："余为中华民国国民一分子，既各面迫于救国热诚，力促余复出任职，余岂能再事高蹈，亦只得牺牲个人之前途。"这是说，即使"牺牲个人之前途"，也要当这个总统。

这时，反对黎复职的声音亦不断传来。6月3日，孙中山通电反对黎复任总统，表示"应由护法政府承继法统"。浙江督军卢永祥等通电称："黄陂法定任期终了，在法律上成为公民，早已无任可复。"此外，改造湖北同志会、中华平民社纷纷通电反对。老友章太炎也劝其"切勿挂系北京，自同囚锢"。

　　然而，黎元洪并未将反对之声放在心上，他开出了自己复位的条件。4日中午，交通部长高恩洪赴津访黎，劝黎入京复职。黎提出三个条件："一、全国大裁兵、须于两个月内一律实行，无论何方面，不得推诿；二、各省督军，一律废除，师长以上，不能再加军官，此事须于三个月内一律实行；三、中央财政公开，实收实报，各方不得截留中央收入。"此三项条件的中心思想是"废督裁兵"。客观地说，黎的"叫价"相当高，同众督军谈"废督裁兵"无异于与虎谋皮。5日，曹锟代表熊炳琦、吴佩孚代表李卓章，以及王家襄、吴景濂等人，一日三赴黎宅劝驾。黎元洪仍然以"废督裁兵"为辞，将此条件作为复位与否的底线。6日，黎元洪发表鱼电，专门阐述"废督裁兵"的主张。

　　鱼电洋洋三千余字，主要阐述废督裁兵的原因、解决办法及前景展望。黎元洪指出五条废督裁兵的理由，即：一、兵数过多；二、征敛过巨；三、争斗过繁；四、干涉过广；五、党军过密。至于解决办法，黎指出，军权统归陆军部管辖；军费统归国赋开支；裁兵统归陆军部处理；废督是废制度，并非废其人；征伐权统归政府。最后，黎元洪还展望了废督后的前景：为内阁计，废督后中央行政命令易于施行；为地方计，废督后地方长官维持秩序，避免战祸发生；为督军计，废督后还要倚重各督军，共治天下。

　　鱼电发表后，直系方面还未见反应，胡适主编的《努力周报》却对其大加揶揄，称："黎元洪的鱼电，滔滔三千多字，说的只是两三句话，并且连这两三句都说不清楚，竟闹出笑话来，几乎下不得台。这件小故事应该使黎元洪得一个教训。"

　　黎元洪本人担心人们误解鱼电，专门对其做了一番解释。6日晚7时，黎元洪邀请各省区代表暨劝驾众要人开茶话会，阐述废督裁兵之主张。代表到齐后，黎登台演讲："诸公远道来津，一再枉驾，催促不已，解说无效，迫不得已，本日特发一电，对于时局前途有具体之主张……惟鄙人出处，以今日所主张者，为唯一关键。在座诸公可以此意转达各省区长官及全国国民，如以鄙言为不合，则今日与诸君畅谈之日即为最后会晤之一日。鄙人不敢再问国事矣。"

黎元洪喜欢西式生活，常穿西装。

曹锟 (1862—1938)

吴佩孚 (1874—1939)

可以说，黎元洪本人对于鱼电的后果也是未知的。很多人，包括黎身边的人，都认为黎此番要价过高，复位大总统之事即将告吹。

那么，曹锟、吴佩孚对此会作何反应呢？驱走徐世昌之后，南方的孙中山成了直系的唯一心病。恢复法统、元洪复职，都是为了兵不血刃地赶孙中山下台，解散南方政府。如果武力统一，代价不可估量。相比之下，口头答应黎元洪的要求，付出的仅仅是承诺。曹、吴希图以最小的成本获得最大的利益。

6月6日上午，曹锟代表熊炳琦、吴佩孚代表李卓章同萨镇冰等再赴黎宅，云："总统所提出三大意见，两使极表赞同，请总统即日回京。两使对于废督裁兵两事，决定先从保定做起，请勿以为虑。"保定是曹锟的大本营。曹锟有这番表态，在黎元洪看来，确实是最大的支持。此时的黎元洪尚且不知，曹锟所作的所有承诺都是为了让自己早日坐上大总统宝座，仅此而已。7日，曹锟、吴佩孚、苏皖赣巡阅使齐燮元、江西都督陈光远相继通电，表示支持"废督裁兵"，请黎元洪早日复职。

外围形势有所好转，可是黎的身边人却出现了三种意见。8日上午8时，黎与身边亲信在天津英租界黎宅会议，研究是否赴京。众人主张有三：一、主张以大总统身份早日入京；二、主张暂不入京；三、主张以国民代表身份入京。虽然大家意见不一，黎本人似乎主意已定。

据《顺天时报》记载，黎元洪曾对某代表讲："国人如此拥爱元洪，元洪感激奚似。若再重违民意，更滋罪戾。现在曹、吴两公既覆电赞成元洪主张，而北京方面又日盼元洪晋京，元洪自不敢坚持己见。惟到京后，当再伸明前日通电之主张，以求各省之赞成。如各省赞成，元洪则行就职，否则只负维持治安责任，仍将国人之事还诸国人，不愿做命令不出都门之总统。"这次，黎元洪希望做名实皆备的总统，而不做"命令不出都门之总统"。

6月10日，黎元洪连发两份蒸日通电，蒸一电云："谨于本月十一日，先行入都，暂行大总统职权，维持秩序。一面恢复国会，刻期齐集。当此议员陆续入京之日，为督军从容解职之时。"蒸二电云："惟法律问题，应由国会解释。元洪谨于六月十一日早八时入都，暂行大总统职权。俟国会开会，听候解决。"黎元洪向外宣布，此次进京"不受年俸；不用私人；不住公府"，人称"新三不主义"。黎元洪还向北京政府要求"毋多备车辆；毋粉饰欢迎"。

6月11日，黎元洪乘专车入京，第二次做起了大总统。进京当天，北京东车站前仅"扎一松柏牌坊上书'欢迎'二字，他无点缀"，沿街商铺悬挂国旗，表达敬意。

对于黎元洪此次进京，各方评价，褒贬皆有。有一外国人的看法非常有趣，不妨一读："中华民国之第一任大总统孙中山也，山，最高也；第二任大总统袁项城也，城，视山为低矣；第三任大总统黎黄陂也，陂，浅泽也，视城又低矣；继之者为冯河间，河则更低矣；更至徐东海，海，斯下矣。故民国之政局，乃如江河之日下。今者复由海而上升于陂，政治亦当与之俱进乎？"

以山、城、陂、河、海，即民国历任总统之名形容政局趋势，非常形象新颖。从"故民国之政局，乃如江河之日下"中也可看出其对黎元洪的期待，即"今者复由海而上升于陂"之谓也。黎元洪此行也是满怀信心的，但现实却让他身心交瘁。

黎元洪面临的第一大问题就是组阁。内阁总理的初始人选有三人，即张国淦、伍廷芳、颜惠庆。张国淦是黎系的人，是黎最属意的人选，无奈张力辞不就。伍廷芳时任广东军政府外交总长、财政总长，兼广东省长，是南方举足轻重的人物，再有一个月就是他八十大寿。黎元洪与伍有过多次合作，如果伍肯北上组阁，南北和平统一即可立现曙光。于是黎元洪致电伍廷芳，吴佩孚也亲自致电伍廷芳，称："国人望公久矣，惠然北来，共商国是。佩孚不敏，极愿薰沐以待。"可令人遗憾的是，电报发出13天后，伍廷芳却因病逝于广东省医院。最后内阁总理人选确定颜惠庆。

颜惠庆（1877—1950），字骏人。袁世凯时期曾任外交次长、驻德公使；徐世昌时期曾任靳云鹏内阁外交总长，靳辞职后，颜曾代理六天总理职务，后梁士诒组阁，颜仍就外交总长一职。颜是民国时期著名的外交家，黎元洪找其组阁也是出于外交上的考虑，这是黎此次大总统任内的第一次正式组阁。

颜惠庆的总理仅做了两周就传出辞职的消息。关于颜为什么要辞职，一时众

颜惠庆 (1877—1950)

王宠惠 (1881—1958)

说纷纭。翻阅《颜惠庆自传》，他提及前众议院议长吴景濂在国会复会后，"不仅内阁，甚至大总统都必须惟其马首是瞻，听从呼唤。在此为国家服务的希望已经极为渺茫之际，我如果继续供职，徒取自辱而已"。

其实，颜氏之辞职有两大重要原因：一、政令不出都门。主要表现在省长任命的问题上。任命王瑚为山东省长，王不到任；任命高凌霨为直隶省长，高不敢任；任命张绍曾为陕西省长，张不就职；任命王永江为奉天省长，王则力辞。政令不能下达，是颜辞职的原因之一；二、财政捉襟见肘。当时北洋政府的财政已经濒临破产，据说"若有一百万元之款可以挪动，则内阁可以维持到八月一号"。7月31日，颜惠庆即请假偕家眷赴北戴河海滨休养。当天，黎元洪任命王宠惠暂署国务总理。8月5日，颜惠庆正式辞职。6日，黎元洪任命唐绍仪为国务总理。

黎元洪组织唐阁，目的是期望南北可以和平统一。因唐绍仪主张联省自治，而遭到直系军阀的抵制，故唐迟迟不能北来。盼唐无望，黎无奈任命王宠惠为正式总理。而王宠惠是反对联省自治的，所以得到直系军阀的支持。

由于国务总理王宠惠、财政总长罗文干、教育总长汤尔和等人发表《我们的政治主张》一文，提出"好政府"的概念，这届内阁又被称为"好人内阁"或"好人政府"。谁知刚组阁不久，即发生财政部长罗文干无端被捕事件，该内阁仅仅维持短短两个月就告结束。11月29日，黎元洪任命汪大燮为国务总理。

汪大燮（1860—1929），字伯唐，浙江钱塘（今杭州）人。清末汪曾任出使英、日大臣。黎元洪任参政院院长时，汪是副院长；黎元洪第一次做大总统时，汪任交通总长。此次汪出山，完全是应黎元洪之请，未受直系左右。胡适评论道："自称'孤寄白宫如同聋聩'的黎总统，这回听到曹锟'毅然独断'一句话，居然壮着胆子独行独断的把汪大燮内阁发表出来，总算黎总统生平第一件痛快事！"汪答应代揆十日。

12月11日，汪大燮辞职，王正廷署理国务总理。王正廷仅答应代理十日。22日，王辞代理总理，黎元洪强烈挽留，"王终以参议院速提张组阁同意案为条件，允暂留"。王正廷内阁任期仅十天。为内阁问题已经焦头烂额的黎元洪，找到了张绍曾。

张绍曾 (1879—1928)　　　　　　　　　吴景濂 (1873—1944)

张绍曾(1879—1928),字敬舆,河北大城人。张绍曾与黎元洪相交有年,关系很好。此次黎找张出来组阁,有两点考虑:一是张坚持南北和平统一,这点与黎相同;二是张与吴佩孚是儿女亲家,张阁在洛吴那里获得肯定应该问题不大。当然,最后能否通过,就要看津保派的态度了。

为使张绍曾内阁获得国会通过,1922年12月9日下午2点,黎元洪在中南海居仁堂宴请两院议员420人(当天是曹锟六十大寿,部分议员赴保定祝贺)。入席时,军乐高奏,黎元洪起立举杯向到会议员致敬,并发言:"自唐内阁同意咨文由众议院退回以后,迄未成立正式内阁。寸心殊抱歉疚。此次按照法定手续,提出张敬舆组阁同意案于国会,自信毫无私见。敬舆年来奔走国事,恢复法统,确著勋劳于国家。其个人历史及对于各方面之关系,谅为诸君之所洞悉,无待介绍。惟正式内阁成立稽时,中枢无人负责,内政外交,均为停顿。希望诸君早将同意案解决,以重国务而维法权。"当时众议院议长吴景濂、副议长张伯烈身在保定为曹锟贺寿,于是众推前参议院议长王家襄答复大总统。王家襄表态:"至对于张内阁之同意与否,两院同人各有其投票之自由,家襄不能代表答覆。"表示由投票决定。

12月18日,众议院以392票同意,通过张绍曾组阁案。这是黎元洪本次任期内的第二届正式内阁。然而张阁也很短命,2月17日,曹、吴电请中央任命沈鸿英督粤、孙传芳督闽,欲武力统一南北,这与张绍曾所主张的和平统一背道而驰。3月8日,张愤而辞职。

3月9日,黎元洪派荫昌和哈汉章前往慰留张阁,并致电全体内阁成员,称"尚望勉为其难,毋萌退志"。电文虽然挚诚,却无法打动内阁,10日,张阁全体再提辞呈。黎元洪再次派哈汉章把张阁辞呈退还,敦劝张无论如何暂应付几日。19日,张绍曾向直系妥协,下达闽粤督理令,内阁正式复职。

5月16日,众议院通过对张阁不信任案。21日,因附曹议员提出总统问题议案达二十多起,黎元洪向国会提出辞职。6月6日,张绍曾因不满黎元洪拒绝任命薛笃弼为崇文门监督,认为黎破坏责任内阁制,提出总辞。当晚,张绍曾离京赴津。黎派人往劝,张说:"此次政潮酝酿极久,原因复杂,个人力难销弭,只得远避。"

黎元洪大礼服半身立像

至此，黎元洪在不到一年的时间内，先后更换过颜惠庆、唐绍仪、王宠惠、汪大燮、王正廷、张绍曾六位国务总理，而内阁六迁的背后是保曹洛吴对政府的操纵。这个内阁六迁"倒阁潮"，其目的是逼走黎元洪，选曹锟为大总统。直系曹锟、吴佩孚之所以能够操纵政局，是因为他们手握兵权，是真正的军阀。孤家寡人的黎元洪只是他们股掌之上的玩偶而已。

至于上任之前提出的"废督裁兵"，成绩更是乏善可陈。黎元洪本次大总统任期的一年时间里，只有江西、浙江、安徽、福建、河南五省实行了废督，四川、安徽两省实施了裁兵。黎元洪见此，于1923年元旦，无奈向国会递上辞呈。

总结黎元洪"废督裁兵"失败的原因，一是无钱，二是无权。裁兵必须有财政支持，否则欠饷无法给付，士兵遣散无资。而财政早已捉襟见肘，对外借款又困难重重，欠饷问题更是日甚一日，即使想裁兵也无力支付巨额欠饷；另外，四分五裂的民国政局让黎元洪穷于应付，加之黎本人的总统地位亦受到质疑，废督之无法进行可想而知。"废督裁兵"草草收场就在预料之中了。

阁潮未定，议会又有解决总统问题的呼声。4月26日，以总统任期为由，众议院议员张书元等致函吴景濂议长请将黎元洪辞职问题提请议会解决。他们以黎元洪曾于去年提出辞职，但议会半年来尚未讨论，是为渎职，且"总统个人亦自认在位无法律上根据，称为事实上总统，对国家无丝毫责任心"，"考其年来政绩，除赦罪魁、发勋章以及游园、观剧外，其他直无所事事。岂总统竟自菲薄耶？抑亦以地位不固、责任不明而故作逍遥闲散之态度耶？"其实，黎元洪本人对任期问题迟迟未决亦甚烦恼。他在与《正义日报》、《星报》记者谈话时说："余之任期问题则辞职咨文固早已于数月前送达国会矣，早即可以据以解决，何待迟至今日？"

6月12日下午3时，黎元洪在公府召开最后一次会议，下发了著名的"七道命令"：一、准许张绍曾辞职；二、派李根源兼署国务总理；三、除李根源外，全体阁员准其辞职；四、任命金永炎为陆军总长；五、裁撤全国巡阅使、巡阅副使、督军、督理。全国军队均交陆军部直接管辖；六、声讨制造政变者；七、宣布自民国十四年元旦起，裁撤全国厘金。

同时，黎元洪先嘱秘书将"七道命令"送印铸局发表。由于其他阁员均已离京，只能由李根源一人副署。此外，黎元洪还连发三份函：

一致国会，宣布撤销自己的辞职公文；

二致国会和外交团，宣布本日离京；

三解释离京经过。

黎元洪第二次任大总统，为期一年，内阁竟然六迁，可见当时政治斗争之激烈。6月13日，黎元洪亦辞职出京。临行前，黎元洪发布命令，其任内最后一届内阁诞生：特任农商总长李根源兼署国务总理；金永炎署陆军总长。黎元洪能顺利离京吗？

十四　最后岁月

黎元洪当天是如何离京的呢？据寒霄先生的《黎大总统被迫出京始末记》记载："时已十二时半，黎即乘汽车赴东车站，送之者除各名流外，余人甚少。一点零五分到东车站，黎穿青色西服直入车站登车，一点二十五分即行开车，同行者有金永炎、福开森（外国顾问）等。"

就在黎元洪的专车即将到天津地界的时候，津保派突然发现一个大问题：中华民国总统印玺不见了。不见的印玺共五颗，它们是：中华民国之玺一颗、大总统印一颗、陆海军大元帅之印一颗、黎元洪小官章两颗。印玺代表国家最高权力，具有法律效力。津保派亟须找到印玺为曹锟上台服务，他们也想知道黎元洪既然出京为什么还要带走印玺？当看到黎元洪临行前致国会的取消辞职和移津的函文时，津保派恍然大悟：黎元洪这是想离京另立政府啊。于是，紧急电话立即接到天津直隶省署。省长王承斌知道事情重大，马上带上警务处长杨以德及军警一千余人，急奔黎元洪专车到津必经之处——杨村站。

下午3时，黎元洪的专车按预定时间抵达杨村站。专车刚刚停稳，王承斌等偕卫兵数十人，口喊"欢迎总统莅津"，登上黎元洪专车。在专车上，王承斌和黎元洪对话如下：

王问："总统出京目的何在？"

黎答："在京不能行使职权，故特移津办公。"

王问："总统此次究竟以元首资格来津，抑以私人资格来津？"

黎答："日来精神缺乏殊无暇答此问题，但你们如此苦问，究竟何意？"

王谓："并无他意，不过忝为地方官，应保护总统。"

正说话间，专车已经抵达天津新站，王承斌密令早已等候在此的士兵，包围专车，并将车头摘去。专车也就无法到达目的地——天津老站。

等候在天津老站迎接的黎元洪子女和前来欢迎大总统莅津的外国领事，得知专车被困于天津新站，急忙赶来。赶到时，发现整个车站已经被军警层层包围，欲进无门。黎的长女黎绍芬请求英国领事出面协调，军警亦不允。

这边王承斌见黎元洪不肯交印，就请黎到曹家花园或省署暂住，大有威胁之

王承斌 (1874—1936)

意。黎不允，王承斌倒也不敢使出强硬手段，双方陷入僵持。几个小时后，见继续僵持于事无补，黎元洪就说："印玺均在如夫人黎本危手中，而黎本危今则居于北京东交民巷之法国医院。"王承斌获此消息，当即用电话告知北京方面，此时已是晚8时矣。

黎元洪说得没错，他临行前确实把印玺交给了如夫人黎本危。据黎本危回忆，黎元洪对她说："今年曹锟就想当总统，太可恶了！他们等不及了，耍弄流氓手段，撵我走。我把这三颗大印（未提那两颗黎元洪小官章）交给你，你带往东交民巷的法国医院去藏起来，我就乘车去天津再想办法。"

赶到法国医院索印的是北京警察总监薛之珩。薛之珩一到，见大门紧闭，就命令警察将法国医院包围。然后上前叩门，要求见黎本危，法国医院方面不让其入。薛威吓说如果黎本危不把印玺交出来，不但大总统无法离开天津新站，就是黎本危本人也无法从法国医院离开。见被中国警察包围，法国医院方面从法国兵营调来一个军官和几个士兵保护黎本危。

这时，黎元洪派人给黎本危打电话，让其将印玺交给参议院王家襄议长。可是，王议长不敢前往法国医院，黎本危更是不敢出去。事情成僵持状态。

午夜12时，黎本危担心黎元洪的安危，就自作主张向薛之珩提出："只要总统亲自从英租界的住宅给我打电话，我才能把大印全部交给你。"薛之珩不能做主，遂向曹锟请示，曹锟方面则坚持先交印后放人。黎本危只好再向薛之珩提出一个条件：在拿走印玺前必须留个收条，天津黎宅来电话前，薛之珩不得离开法国医院。

经过沟通，曹方同意了黎本危的条件。凌晨2时，国务院秘书长张廷谔进入医院，与薛之珩一起处理此事。这时，薛之珩已经写好收条，并交给了黎本危。于是张廷谔带走印箱，而薛之珩则留在法国医院由法国军官陪同等待天津黎宅电话。

不久，天津黎宅的电话打到了法国医院。先是黎元洪长女黎绍芬来电，让黎本危释薛。黎本危"表示不相信，要求请总统亲自接电话"。后来，黎元洪长子黎绍基又来电，说："总统被王省长那些人困在车站几乎一天一夜的时间，把老人家弄得真是筋疲力尽，现在老人家已经回到了英租界的住处，已经上楼休息了，请您放心！可以请薛总监回去了。"于是，黎本危吩咐法国医院的人，请法国军官放薛之珩回去。

黎元洪确实已经筋疲力尽。凌晨3时，黎元洪已经被困在专车上11个小时。期间，黎元洪滴水未进，冷汗直流，甚至一度想举枪自杀，幸亏身边人拦住，才未酿成大祸。

此时，国务院秘书长张廷谔已经取得印玺。王承斌受曹锟之命，向黎元洪出示拟就的电稿三份，即：一、向国会辞职文；二、令国务院代行总统职权文；三、声明临行时所发命令无效文。并逼令黎元洪签字。这三份电稿如果签署，黎元洪另立政府的计划就被曹锟彻底粉碎了。但事已至此，黎只得忍辱签字，才得以返回英租界公馆。

黎元洪两任民国大总统，竟然两次无奈出京。如果说第一次是因为府院之争、张勋复辟，那么这一次也可以把责任推给内阁六倒、曹锟贿选。那么黎元洪本人的过错在哪里呢？冯玉祥这样评价黎元洪的两次出京："黎上次之走如彼，今次之走又如此。堂堂总统稍遇困难，便图一走了事，未免太无责任心也。"

笔者认为，冯玉祥的评价未免失之偏颇，亦不够厚道。其实，黎元洪是一个空头总统。他没有自己的军队，没有自己的地盘。他没有任何实力。他想在军阀麇集的中国实现民主共和的理想，不啻白日做梦。在曹、吴直系军阀的沉重打击下，他只能卷起铺盖走人。

1923年6月14日清晨，拖着疲惫的身躯赶回英租界公馆的黎元洪简单吃了些点心，就回卧室休息了。但他辗转反侧，无法入睡。刚刚专车上11小时的禁锢，让黎元洪感觉颜面尽失，他认为这不仅是对其本人的羞辱，也是对中华民国大总统尊严的羞辱。他决定对直系进行反击。

此时，黎元洪手里有什么筹码可以对抗直系呢？客观地说，除了"事实上大总统"这一职位外，啥也没有。虽然总统的印玺已经被直系强行掠走，但黎元洪仍视自己为中华民国的合法大总统。事实上，也只有坚持这一点，黎元洪才能有资格继续与直系较量。

14日，黎元洪先以大总统身份向国会参众两院致公函，说明劫车夺印经过及被迫在辞职电稿上签字等事。并且连发三份通电指责津保派非法。黎元洪的三份通电虽然对直系曹锟进行了微弱的反击，但终因黎元洪无兵无权，而得不到政客的支持。这时，站在曹锟一边的国会出场了。国会的出场，对黎元洪的大总统地位更是法律层面的挑战。16日，参众两院以吴景濂为主导联合开会，提出黎大总统于6月13日出京，依照《大总统选举法》第五条第二项规定，自13日起，黎元洪所发命令文电概不生效。经讨论，多数同意，此案获得通过。随后，由国务院通电全国。

6月20日，黎元洪发表通电，揭露国会"舞文弄法，附合暴力，以加诸无拳无勇之元首，是国会先自绝于天下后世也"，进而表示对国会的决定的态度，"元洪无屐，决不承认"，并声明"无论以何途径选举继任，概为非法"。黎元洪祈望以法律为武器同曹锟一搏。

黎元洪的遭遇得到国会内政学系、原民党及益友社部分议员的同情和支持，这让黎看到了希望。如果能把这些议员召到天津来，加上自己和国务总理（20日任命唐绍仪为国务总理，唐未到任，由李根源暂代），就可以组成政府。为了号召议员，黎元洪东施效颦学曹锟，从银行贷款12万元，声称议员来津即付500元车马费，以期达到可以召开议会的法定人数。一时议员趋之若鹜，12万元转眼告罄。曹锟方面为应对黎元洪，加大贿选力度。来津议员中的投机分子，见黎元洪这里已经无财可捞，纷纷回京，黎元洪眼睁睁观看了一场自导自演的竹篮打水的活剧。还有一部分议员受孙中山"反直三角同盟"之召南下赴沪，当然有些人是因为政治理想，有些人是受浙江军务善后督办卢永祥许诺的每月付300元津贴的诱惑。一时，上海议员云集，俨然成为中国另一个政治中心。

见上海形势渐好，老友章炳麟向黎元洪献计，让其来上海成就大事。7月中旬，黎元洪派亲信金永炎等到沪，酝酿南下事宜。8月8日，反直议员刘楚湘等280人联名通电，呼吁黎元洪来沪组织政府，称："公为一国元首，且身受其辱，为国为私，所负责任均较他人为重。允宜早日南下，身先同人，成立政府，以号中外。"黎

卢永祥(1867—1933)

亦有意南下，他唯一担心的是卢永祥的态度。

正当黎元洪犹豫不决之际，他听说卢永祥发来一封赞同其南下的电报，受此鼓舞，黎毅然决定赴沪。9月8日，黎元洪称病住进日本人的东亚医院，之后登上日轮船铁城丸号南下。11日上午9时抵沪，据《天津泰晤士报汉文部号外》描述当时的情景："先时当地重要官吏及议员多人，均乘兵轮出口欢迎。抵岸时，有数万人，欢呼中华民国万岁！大总统万岁！"黎元洪上岸后，即乘车前往杜美路（今东湖路）26号寓所休息。黎元洪本是信心满满，其实第二天就感受到了失败的苗头。其实，卢永祥并未发过那封电报，而且他本人也反对黎元洪在上海成立政府。黎元洪看到卢永祥的态度，才知道上了谣言的当。

12日中午，黎元洪在杜美路寓所设宴招待旅沪各省代表，20余人到场。黎首先发表讲话，谓："今拆台只得一半成功，故奋然南下，欲与各方通力合作，贯彻拆台宗旨。惟本人只能摇旗，仍望各方面一致动作。拆台既竣，建设之事，则非本人

1924—1925年间，黎元洪在日本神户中华会馆与当地华侨合影。前排左八为黎元洪，左九可能是黎的如夫人黎本危。

1925年5月11日，黎元洪在日本居住半年后回到天津。

所能胜任……目下最要在组织政府，以号召一切，希望各省赞成。"不过，各省代表却未予附和，让黎元洪顿生出师不利之感。接着，卢永祥公开反对黎在沪组织政府，这让黎的行为失去了合法性。

黎元洪无奈，只得用此行是"以个人名义出来"来进行自我辩解。10月5日，曹锟贿选成功。10日，曹就任大总统。此时，黎元洪留在上海已经毫无意义。黎元洪不愿返津，决定以治疗高血压和糖尿病的名义，东渡日本。11月8日，黎元洪偕如夫人黎本危等，在亲信李根源、饶汉祥、金永炎的送别声中，登上日轮高丽丸号，前往日本。

黎元洪的政治生涯至此结束。在日本居住半年后，1925年5月11日，黎元洪返津，从此过上平民生活，不问政治。

1928年5月25日，天津天气闷热，没有一丝风。英租界赛马场正在进行紧张刺激的比赛，黎元洪与如夫人黎本危坐在贵宾包厢里目不转睛地看着自己押注的马，嘴里不断喊着"加油、加油"。突然，黎元洪身体一歪，跌坐在包厢的沙发椅上，不省人事。黎本危一看，大叫不好。身边仆从见状，早已奔上前去抢救。众人七手八脚地把黎元洪弄上汽车，司机不待众人坐稳，急忙驶向离赛马场最近的英租界维多利亚医院。

经医生诊断，黎元洪是高血压症突发导致脑溢血，并向家属下发了病危通知。6月3日晚10时，黎元洪逝世，终年64岁。临终前，黎元洪嘱咐子女："丧葬从简，戒诸子潜心从事生产实业，毋问'政治'。"黎元洪对政治之憾，可见一斑。

1928年6月26日，南京国民政府内政部长薛笃弼公布黎元洪优恤令细则，主要内容为：举行国葬；国葬费10000元（实际大大超过此数）；修建专墓；葬期由国民政府派员致祭。《国葬法》是由黎元洪第一次任大总统时颁布的，南京政府此时亦是依据该法办理国葬。

黎元洪的国葬过程从1928年开始，1935年结束，长达七年之久。主要分天津入殓发丧；北京北海追悼；武昌佛寺暂厝；南土宫山下葬四阶段。

第一阶段，天津入殓发丧。1928年6月4日下午2时，黎宅一楼大厅内布置得庄重肃穆，黎元洪的遗体安放在一尊黑漆楠木棺内。6月5日，黎家送三。送三，丧礼习俗，就是孝家到土地庙，送别亡灵去西天极乐世界。当天，确定7月16—18日开吊三天，19日出殡。

16日，黎宅大厅设灵堂。四周摆满社会各界人士敬送的挽联、花圈。黎生前老友章炳麟发来唁电和挽联，唁电云："闻大总统仙逝，天崩地坼，薄海同悲。国之兴亡，大节自在。所望山河之气，仍虽不朝思雄有灵，犹能杀贼。"挽联云：继大明太祖而兴，玉步未更，倭寇岂能干正统；与五色国旗同尽，鼎湖一去，谯周从此是元勋！

当天，天津市各机关下半旗志哀。上午10时，天津市长南桂馨作为国民政府代表前往黎宅致祭。17日上午9时，段祺瑞亲临黎宅致祭。18日，蒋介石代表蒋作宾、阎锡山代表李庆芳、李宗仁代表方本仁，以及警备司令傅作义，河北省主席商震，前往致祭。

19日上午8时出殡开始。"出殡时将灵柩置于特制的灵车上，有黎氏子女及亲朋故旧唐仲寅等50余人披麻戴孝，挽灵车而行。因灵车需经过日、法、英租界，事先由市政府出面办妥武装通过手续。灵车前由天津埠警备队3个连、保安队、骑巡队、手枪队各一连护送，从英租界10号路黎宅出发，经法租界31号路转入日租界的福岛街、经旭街。11时许，灵柩抵达特别一区别墅，置厅堂暂厝待葬"。

第二阶段，北京北海追悼。1928年10月中旬，蒋介石、冯玉祥、阎锡山、李宗仁、白崇禧、李济深、王士珍、商震联名发布通电，决定10月26至28日三天在北京北海天王殿举行黎元洪追悼会。追悼会于26日早8时举行，"北海公园门前新扎牌楼一座，上悬'薄海同凄'四字，天王殿头门素彩牌楼，满缀素花，中横'名垂千古'四字，两旁各为'首义'、'护国'二字。"会场中悬黎元洪巨幅遗像，像前摆满祭祀用的贡果、点心，香火缭绕，四周布满各界敬送的花圈。军乐队两旁站立，致祭时军乐奏起，鸣礼炮12响。黎元洪次子黎绍业、长女黎绍芬在场答谢。9时30分，卫戍部队及各地军界开始致祭，朱绶光代表北平政治分会主席平津卫戍总司令阎锡山主祭。11时，由国民政府代表周震麟致祭。下午3时，驻京外国公使团致

黎元洪长子黎绍基（后左一）和次子黎绍业（前右一）及其家庭。

黎元洪长子黎绍基和次子黎绍业为父亲戴孝。

黎府门前送殡民众

黎元洪墓前石坊

祭。27日，学界和各政党致祭。28日，北京各政府机关致祭。当时中国的政要蒋介石等致挽联如下：

蒋介石挽联：明天不慈遗一老；期人自彪炳千秋。

王士珍挽联：惟大英雄能变时局；是真道德必重民彝。

段祺瑞挽联：尚留黄扎忧当世；同为苍生情此人。

第三阶段，武昌佛寺暂厝。1930年，黎夫人吴敬君病逝。按其遗愿和家属要求，确定与黎元洪合葬于武昌。1933年，国民政府将黎氏夫妇灵柩由天津迁往武昌，黎元洪儿子黎绍基、黎绍业亲扶灵柩，一路相伴。湖北省政府官员和社会各界人士，列队两旁，隆重地将灵柩请上武昌洪山宝通寺法界宫的藏经石库内暂厝，并派军人负责看守保护。之后，于武昌卓刀泉南土宫山选定葬地，1935年，黎元洪墓竣工。

第四阶段，南土宫山下葬。1935年11月24日，黎元洪国葬大典之日。这天，全国下半旗，停止娱乐活动一天。黎元洪长子绍基、次子绍业、长女绍芬、次女绍芳等自津来汉参加典礼。

宝通寺门前牌楼上书"黎前大总统国葬启灵处"，启灵祭堂设在法界宫停枢处。灵龛正面高悬黎元洪巨幅遗像，上有国民政府主席林森亲书的"民国元勋"四个大字。四周各界政要名流送来的挽联达数千幅，其中：

居正的挽联是：

奠定河山，出为霖雨；

炳灵江汉，上应星辰。

孔祥熙的挽联是：

秉三民策略，崛起湖湘，运会启金瓯，牧野鹰扬光大业；

集五族衣冠，奉安丰沛，风云护华表，辽天鹤去有遗思。

何应钦的挽联是：

首义拥旌旄，墓路肇兴溯开国；

归葬安体魄，漆灯不灭识佳城。

黎元洪之墓

上午10时，各界人士5万余人齐集洪山举行公祭，军乐队高奏哀乐。李书城作为国民政府主席林森的代表主祭，并宣读祭文。祭毕，鸣礼炮19响。随后移灵枢往南土宫山墓地安葬。

下午3时正，国葬典礼在101响礼炮声中开始。李书城依然代表国民政府主祭，中央各部、院、会、各省代表和外宾陪祭。礼毕，扶灵枢入墓穴，将黎氏夫妇合葬。全体执绋人员行三鞠躬礼后，在哀乐声中依次告退，至此国葬典礼告成。

黎氏安葬后，其墓地工程还在继续进行。不久，坟前竖起了由黎元洪老友章太炎撰文、李根源手书的墓碑。整个墓园占地近百亩，直到1938年武汉沦陷时仍未竣工。

令人遗憾的是，1966年9月，黎元洪墓在"文化大革命"中被毁，黎氏夫妇的遗骨失踪。改革开放后，1981年，黎元洪墓重新修建，但不久坍塌。1985年，武汉市政府拨款三建黎元洪墓。2010年，武汉市政府为纪念辛亥革命百年，耗资2800万元四修黎元洪墓地。

黎元洪墓地坐落于华中师范大学东南角，墓园占地12亩。墓园门前的牌坊上书"共和磐石"四个大字，拾级而上，见一高10米的水磨石墓碑，上书"大总统黎元洪之墓"。墓后的一面碑墙上镌刻着黎元洪的生平事迹。

数十年间，黎墓两毁四修。希望从今以后，首义元勋黎元洪可以安眠于此，不再被打扰。

参考书目

任继愈主编：《宗教词典》，上海辞书出版社1985年版。

鲁永成主编：《民国大总统黎元洪》，中国文史出版社1991年版。

郭嵩焘：《郭嵩焘日记》，第3卷，湖南人民出版社1982年版。

卓如编：《冰心全集》，第3卷，海峡文艺出版社1994年版。

小钟：《大清洋帅汉纳根》，凤凰出版传媒集团凤凰出版社2009年版。

李文海、孔祥吉主编：《清代人物传稿》，下编，第5卷，辽宁人民出版社1989年版。

王炳耀辑：《甲午中日战辑》，沈云龙主编：《近代中国史料丛刊第1辑》，文海出版社1966年版。

李根源：《雪生年录》，沈云龙主编：《近代中国史料丛刊第1辑》，文海出版社1966年版。

孙曜编：《中华民国史料》，沈云龙主编：《近代中国史料丛刊第2辑》，文海出版社1967年版。

渤海寿臣：《实行立宪汇编》，沈云龙主编：《近代中国史料丛刊第42辑》，文海出版社1969年版。

章裕昆：《文学社武昌首义纪实》，沈云龙主编：《近代中国史丛刊续编第86辑》，文海出版社1981年版。

张难先：《湖北革命知之录》，沈云龙主编：《近代中国史料丛刊续编第86辑》，文海出版社1981年版。

马东玉：《张之洞大传》，辽宁人民出版社1989年版。

贡少芹：《黎黄陂轶事》，上海国华书局1917年版。

陈夔龙：《梦蕉亭杂记》，中华书局2007年版。

中国人民政治协商会议湖北省委员会编：《辛亥首义回忆录》，第1辑，第2辑，第4辑，湖北人民出版社1979年第2版。

张国淦：《辛亥革命史料》，龙门联合书局1958年版。

中国史学会：《辛亥革命》丛刊，第5册，上海人民出版社1957年版。

[英]埃德温·丁格尔：《辛亥革命目击记》，中国青年出版社2002年版。

《马超俊 傅秉常口述自传》，中国大百科全书出版社2009年版。

张侠等编：《清末海军史料》，海洋出版社1982年版。

胡滨译：《英国蓝皮书有关辛亥革命资料选译》，中华书局1984年版。

辛亥革命武昌起义纪念馆、政协湖北省委员会文史资料研究委员会合编：《湖北军政府文献资料汇编》，武汉大学出版社1986年版。

武汉大学历史系中国近代史教研室：《辛亥革命在湖北史料选辑》，湖北人民出版社1981年版。

曹亚伯：《武昌革命真史》（下），上海书店1982年版。

湖北革命实录馆编：《武昌起义档案资料选编》，中卷，湖北人民出版社1983年版。

万仁元、方庆秋主编：《中华民国史史料长编》（民国元年、民国二年），南京大学出版社1993年版。

刘禺生：《世载堂杂忆》，中华书局1997年版。

广东省社会科学院历史研究室、中国社会科学院近代史研究所中华民国史研究室、中山大学历史系孙中山研究室合编：《孙中山全集》，第2卷，中华书局1982年版。

朱宗震、杨光辉主编：《民初政争与二次革命》，上海人民出版社1980年版。

刘成禺：《洪宪纪事诗本事薄注》，卷1，文海出版社1967年版。

章炳麟：《民国章太炎先生炳麟自订年谱》，台湾商务印书馆1980年版。

谢樱宁：《章太炎年谱摭遗》，中国社会科学出版社1987年版。

张国淦：《北洋述闻》，上海书店出版社1998年版。

杜春和等编：《北洋军阀史料选辑》，上册，中国社会科学出版社1981年版。

荣孟源、章伯锋主编：《近代稗海》，第3辑，第5辑，四川人民出版社1985年版。

来新夏主编：《北洋军阀史稿》，湖北人民出版社1983年版。

李希泌、曾业英、徐辉琪编：《护国运动资料选编》（下），中华书局1984年版。

李书源：《柔暗总统黎元洪》，吉林文史出版社1995年版。

丁文江、赵丰田编：《梁启超年谱长编》，上海人民出版社1983年版。

陶菊隐：《北洋军阀统治时期史话》，第3册，生活·读书·新知三联书店1978年版。

李新总编，韩信夫、姜克夫主编：《中华民国大事记》，第1册，中国文史出版社1996年版。

沃邱仲子：《段祺瑞》，中篇，上海世界书局1923年版。

[美]保罗·S.芮恩施：《一个美国外交官使华记》，文化艺术出版社2010年版。

魏宏运主编：《民国史纪事本末·北洋政府时期》（上），第1册，辽宁人民出版社1999年版。

章伯锋、李宗一主编：《北洋军阀（1912—1928）》，第3卷，第4卷，武汉出版社1991年版。

来新夏主编：《北洋军阀》丛刊，第3册，上海人民出版社1993年版。

李剑农：《中国近百年政治史（1840—1926）》，复旦大学出版社2002年版。

季啸风、沈友益主编：《中华民国史史料外编——前日本末次研究所情报资料 中文部分》，第2册，第4册，第7册，广西师范大学出版社1997年版。

李新、李宗一主编：《中华民国史》，第2编，第2卷，中华书局1987年版。

公孙訇：《冯国璋年谱》，河北人民出版社1989年版。

天津历史博物馆编：《北洋军阀史料·黎元洪》，第1卷，天津古籍出版社1996年版。

颜惠庆著、吴建雍等译：《颜惠庆自传——一位民国元老的历史记忆》，商务印书馆2003年版。

郭廷以编著：《中华民国史事日志》，第1册，中央研究院近代史研究所1979年版。

冯玉祥：《冯玉祥日记》，第1册，江苏古籍出版社1992年版。

丁中江：《北洋军阀史话》，第4册，中国友谊出版公司1992年版。

马勇编：《章太炎书信集》，河北人民出版社2003年版。

中国科学院历史研究所第三所：《近代史资料》，第1、10号，科学出版社1954年版。

中国科学院近代史研究所史料组编辑：《近代史资料》，总25、35、40号，中华书局1961年版。

中国社会科学院近代史研究所近代史资料编辑组编：《近代史资料》，总45、62、70、93号，中国社会科学出版社1981年版。

孙武遗稿、朱纯超整理：《武昌革命真相》，《华中师院学报》，1982年第5期。

美国《纽约时报》，1911年，1913年12月16日。

《盛京时报》，1912年9月6日，1913年12月16日。

《政府公报》，1913年，1915年，1916年，1922年，1923年。

《东方杂志》，1917年4月。

《民国日报》，1922年5月15日。

《努力周报》，第7期，第31期。